SEASON 5

(주)지아이에듀테크 오상열 저

쉽게 배우고

생활에 바로 쓰는

한글
기초 ⊕ 활용

iCox
Education by Sympathy

쉽게 배우고 생활에 바로 쓰는
한글 기초+활용

초판 1쇄 인쇄 2024년 8월 01일
초판 1쇄 발행 2024년 8월 10일

지은이 (주)지아이에듀테크 오상열
펴낸이 한준희
펴낸곳 (주)아이콕스

디자인 프롬디자인
영업 김남권, 조용훈, 문성빈
경영지원 김효선, 이정민

Education by Sympathy

주소 경기도 부천시 조마루로 385번길 122 삼보테크노타워 2002호
홈페이지 www.icoxpublish.com
쇼핑몰 www.baek2.kr (백두도서쇼핑몰)
이메일 icoxpub@naver.com
전화 032-674-5685
팩스 032-676-5685
등록 2015년 7월 9일 제 386-251002015000034호
ISBN 979-11-6426-249-6 (13000)

36년째 컴퓨터와 스마트폰 강의를 하면서 늘 고민합니다. "더 간단하고 쉽게 교육할 수는 없을까? 더 빠르게 마음대로 사용하게 할 수는 없을까?" 스마트폰에 대한 지식이 없으며 한글도 영어도 모르는 서너 살 아이가 컴퓨터와 스마트폰을 사용하는 것을 보고 어른들은 감탄합니다.

무엇을 배울 때 노트에 연필로 적어가며 공부하던 아날로그적 방식으로 첨단 기기를 배우는 것보다, 어린 아이들처럼 직접 사용해 보면서 경험적으로 습득하는 것이 가장 빠른 배움의 방식입니다. 본 도서는 저의 다년간 현장 교육의 경험을 살려 꼭 필요한 방식으로 쉽게 접근할 수 있도록 했으며, 책만 보고 무작정 따라하다 발생할 수 있는 실수와 오류를 바로잡았습니다. 컴퓨터를 활용하는 데 꼭 필요한 핵심 내용을 중심으로 집필했기 때문에 예제를 반복해서 학습하다 보면 어느새 원리를 이해하고 활용할 수 있는 단계에 오르게 될 것입니다.

쉽게 배우고 생활에 바로 쓸 수 있게 집필된 본 도서로 여러분들의 능력이 향상되기를 바랍니다. 물론 본 도서는 여러분의 컴퓨터 능력을 향상시킬 수 있는 수많은 방법 중 한 가지라는 말씀도 드리고 싶습니다.

교육 현장에서 늘 하는 말이 있습니다.
"컴퓨터는 종이다. 종이는 기록하기 위함이다."
"단순하게, 무식하게, 지겹도록, 반복하세요. 단. 무. 지. 반! 하십시오."
처음부터 완벽하지는 않겠지만 차근차근 익히다 보면 어느새 만족할 만한 수준의 사용자로 우뚝 서게 될 것입니다.

끝으로 이 책이 나올 수 있도록 도움을 주신 지아이에듀테크, ㈜아이콕스의임직원 여러분들께 감사의 마음을 전합니다.

㈜지아이에듀테크 오상열

★ 각 CHAPTER 마다 동영상으로 더 쉽게 학습할 수 있도록 QR 코드를 담았습니다. QR 코드로 학습 동영상을 시청하는 방법은 다음과 같습니다.

01 Play스토어에서 네이버 앱을 ❶**설치**한 후 ❷**열기**를 누릅니다.

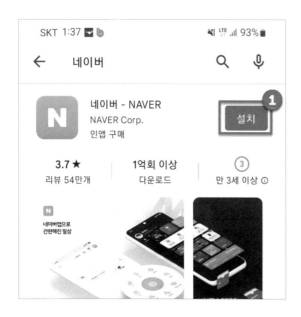 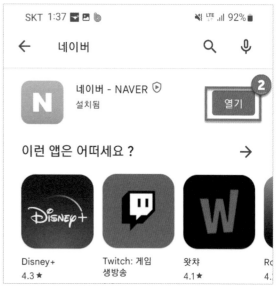

02 네이버 앱이 실행되면 검색상자의 ❸**동그라미(그린닷)** 버튼을 누른 후 ❹**QR바코드** 메뉴를 선택합니다.

03 본 도서에서는 **Chapter**별로 상단 제목 왼쪽에 ❺**QR 코드**가 있습니다. 스마트폰의 화면에 QR 코드를 사각형 영역에 맞춰 보이도록 하면 QR 코드가 인식되고, 상단에 동영상 강의 링크 주소가 나타납니다. ❻**동영상 강의 링크 주소**를 눌러 스마트폰으로 학습할 수 있습니다.

※ 유튜브에서 동영상 강의 찾기

유튜브(www.youtube.com)에 접속하거나, **유튜브 앱**을 사용하고 있다면 **지아이에듀테크**를 검색하여 동영상 강의를 들을 수 있습니다. 재생목록 탭을 누르면 과목별로 강의를 찾아볼 수 있습니다.

목 차

CHAPTER 01

한글 시작하기

한글 앱을 실행하고 가장 기본이 되는 문자 입력 방법과 파일로 저장하는 방법에 대해 알아보겠습니다. 줄을 나누거나 합치는 등 키보드를 이용해 수행할 수 있는 기초적인 문서 작성법에 대해 다룹니다.

🔍 결과화면 미리보기

```
독도.hwp [C:₩Users₩오샘₩Desktop₩] - 호글
파일(F)  편집(E) ▼  보기(U) ▼  입력(D) ▼  서식(J) ▼  쪽(W) ▼  보안(R) ▼  검토(H) ▼  도구(K) ▼
```

[개요]
우리나라 가장 동쪽 끝에 있는 섬으로, 동경 131도52, 북위 37도14에 위치해 있다. 비교적 큰 두 개의 섬과 작은 바위섬으로 이루어진 화산섬이다.
바다제비, 슴새, 괭이갈매기 등 희귀한 해조류들이 살고 있으며, 천연기념물 제336호로 지정, 보호되고 있다. 동해의 맑은 바다와 외로이 떠있는 섬과 해조류들이 어우러져 매우 아름다운 섬이다.|

```
독도   +
1/1쪽  1단  6줄  7칸  문단 나눔  1/1 구역  삽입  변경 내용 [기록 중지]                       165%
```

무엇을 배울까?

❶ 키보드 살펴보기
❷ 한글 실행하고 끝내기

❸ 글자 입력과 저장하기
❹ 줄 나누기/줄 합치기

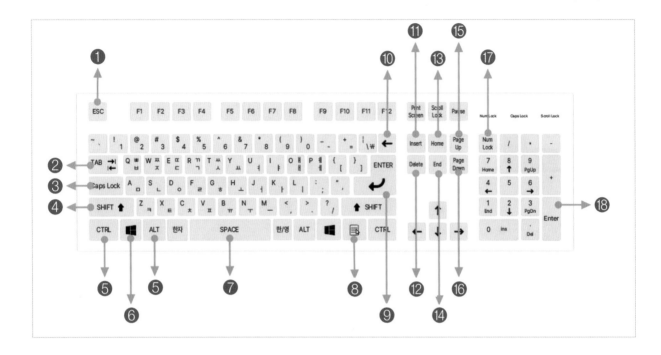

❶ `Esc` : 취소, 빠져나오기, 메뉴 닫기, 대화상자 닫기

❷ `Tab` : 탭 간격 넣기, 다음 항목으로 이동

❸ `Caps Lock` : 대/소문자 입력 상태 변경

❹ `Shift` : 자판의 윗 문자 입력, 대/소문자 입력

❺ `Ctrl`, `Alt` : 다른 키와 조합하여 기능 실행

❻ `⊞` : 시작 메뉴 열기, 다른 키와 조합하여 기능 실행

❼ `Spacebar` : 띄어쓰기

❽ `▤` : 단축 메뉴 표시

❾, ⑱ `Enter` : 단락 바꾸기, 실행하기

❿ `Back Space` : 커서 앞의 글자 지우기

⑪ `Insert` : 삽입/수정 모드 전환

⑫ `Delete` : 커서 뒤의 글자 지우기

⑬ `Home` : 행의 처음으로 커서 이동

⑭ `End` : 행의 끝으로 커서 이동

⑮ `Page Up` : 이전 페이지로 이동

⑯ `Page Down` : 다음 페이지로 이동

⑰ `Num Lock` : 숫자 키 잠금/해제

01 바탕화면에 있는 **한글 아이콘**을 **더블클릭**해서 한글 앱을 실행합니다. 더블클릭
이 잘 안되는 경우에는 **클릭한 후** [Enter]를 누르세요.

02 한글이 실행된 화면입니다. 이제 오른쪽 상단의 **[닫기]**를 클릭하여 앱을 **종료합**
니다. 한 글자라도 입력했다면 **[저장 안 함]**을 누르세요.

STEP 3 ▶ 글자 입력과 저장하기

01 키보드로 한글과 영어를 입력할 수 있는데, 한글은 **왼쪽**에 **자음**, **오른쪽**에 **모음**이 배치되어 있습니다. **쌍자음**과 **이중모음**은 **윗 줄**에 있는 것을 확인해 보세요. 빠르게 입력하는 것이 중요한 것이 아니라, 천천히 정확하게 오타 없이 입력하는 것이 오히려 더 효율적입니다.

02 한글을 다시 실행한 후 **아래의 내용을 입력**합니다. 글자를 계속해서 입력하면 줄 끝에서 자동으로 아래 줄로 내려갑니다.

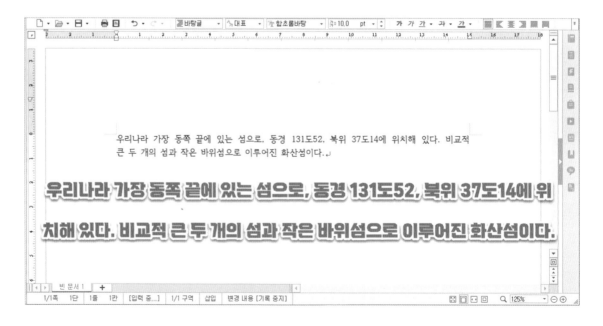

03 아래 그림처럼 기능 아이콘이 모여 있는 곳을 **도구상자**라고 합니다. 도구상자에서 **[저장하기]**를 클릭합니다.

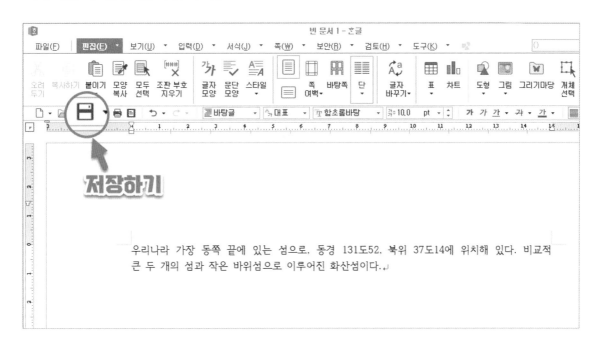

04 대화상자가 표시되면 저장 위치에서 ❶**[바탕 화면]**을 클릭하고, 저장할 파일명은 ❷**"독도"**를 입력한 후 ❸**[저장]**을 클릭합니다.

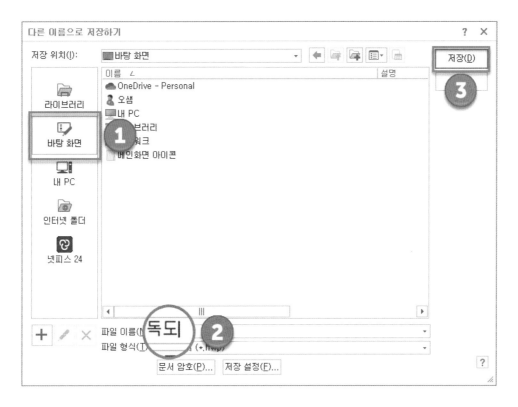

[개요]

우리나라 가장 동쪽 끝에 있는 섬으로, 동경 131도52, 북위 37도14에 위치해 있다. 비교적 큰 두 개의 섬과 작은 바위섬으로 이루어진 화산섬이다.

바다제비, 슴새, 괭이갈매기 등 희귀한 해조류들이 살고 있으며, 천연기념물 제336호로 지정, 보호되고 있다.

동해의 맑은 바다와 외로이 떠있는 섬과 해조류들이 어우러져 매우 아름다운 섬이다.

05 위 상자에 있는 내용을 추가하기 위해서, 아래처럼 **'우' 앞**에 커서를 놓고 Enter 를 누릅니다.

여기에 클릭한 후
Enter를 누릅니다.

우리나라 가장 동쪽 끝에 있는 섬으로, 동경 131도52, 북위
큰 두 개의 섬과 작은 바위섬으로 이루어진 화산섬이다.↵

06 첫 줄을 클릭해 커서를 이동한 후 **"[개요]"를 입력**하는데, 여기서는 Enter 를 누르지 않습니다.

[개요]↵
우리나라 가장 동쪽 끝에 있는 섬으로, 동경 131도52, 북위
클릭한 후 [개요]입력 의 섬과 작은 바위섬으로 이루어진 화산섬이다.↵

STEP 4 ▸ 줄 나누기/줄 합치기

01 두 번째 줄에 있는 **'37도'**를 다음 줄로 내리려면 **'37' 앞**에 커서를 클릭한 후
Enter 를 누릅니다.

> 클릭한 후 Enter 치기
>
> [개요]
> 우리나라 가장 동쪽 끝에 있는 섬으로, 동경 131도52, 북위 37도14에 위치해 있다.
> 큰 두 개의 섬과 작은 바위섬으로 이루어진 화산섬이다.

02 세 번째 줄에 있는 **'으로'**를 다음 줄로 내리려면 **'으로' 앞**에 커서를 클릭한 후
Enter 를 누릅니다.

> [개요]
> 우리나라 가장 동쪽 끝에 있는 섬으로, 동경 131도52, 북위
> 37도14에 위치해 있다. 비교적 큰 두 개의 섬과 작은 바위섬으로 이루어진 화산
>
> 클릭한 후 Enter

03 내용을 추가하기 위해 문장의 마지막에 커서를 클릭한 후 Enter 를 눌러서 커서를
아래로 내려줍니다.

> [개요]
> 우리나라 가장 동쪽 끝에 있는 섬으로, 동경 131도52, 북위
> 37도14에 위치해 있다. 비교적 큰 두 개의 섬과 작은 바위섬
> 으로 이루어진 화산섬이다.
>
> 클릭한 후 Enter

04 나머지 내용을 아래와 같이 입력합니다.

[개요]
우리나라 가장 동쪽 끝에 있는 섬으로, 동경 131도52, 북위
37도14에 위치해 있다. 비교적 큰 두 개의 섬과 작은 바위섬
으로 이루어진 화산섬이다.
바다제비, 슴새, 괭이갈매기 등 희귀한 해조류들이 살고 있으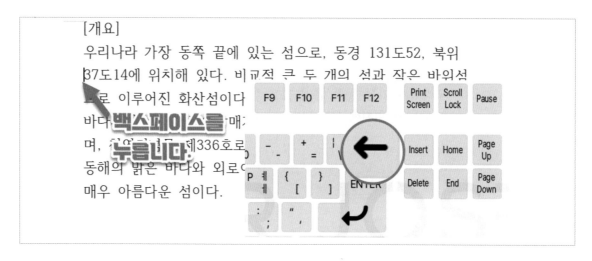
며, 천연기념물 제336호로 지정, 보호되고 있다.
동해의 맑은 바다와 외로이 떠있는 섬과 해조류들이 어우러져
매우 아름다운 섬이다.

05 워드프로세서는 특별한 경우가 아니면 위와 같이 문단 끝을 Enter 로 나누지는 않습니다. '37도'를 위 문단에 합치기 위해 '37' 앞에 클릭한 후 Back Space 를 누릅니다.

[개요]
우리나라 가장 동쪽 끝에 있는 섬으로, 동경 131도52, 북위
37도14에 위치해 있다. 비교적 큰 두 개의 섬과 작은 바위섬
으로 이루어진 화산섬이다.
바다 백스페이스를 매
며, 누릅니다. 제336호로
동해의 맑은 바다와 외로이
매우 아름다운 섬이다.

※ '바위섬' 뒤에 커서 위치 후 Delete 를 눌러서 당기는 것도 같음.

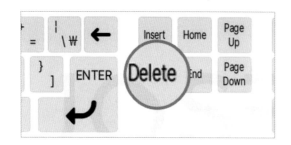

06 아래와 같이 3개의 문단으로 합쳐줍니다. Back Space 와 Delete 는 지우는 기능은 같지만 커서의 위치에 따라 필요한 것을 사용해야 합니다.

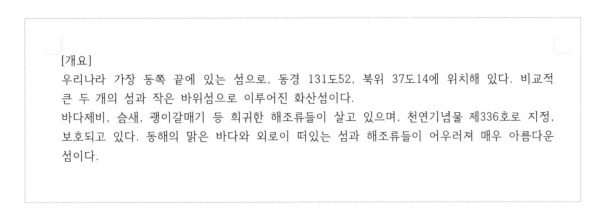

[개요]
우리나라 가장 동쪽 끝에 있는 섬으로, 동경 131도52, 북위 37도14에 위치해 있다. 비교적 큰 두 개의 섬과 작은 바위섬으로 이루어진 화산섬이다.
바다제비, 슴새, 괭이갈매기 등 희귀한 해조류들이 살고 있으며, 천연기념물 제336호로 지정, 보호되고 있다. 동해의 맑은 바다와 외로이 떠있는 섬과 해조류들이 어우러져 매우 아름다운 섬이다.

07 편집이 끝났으므로 지금까지의 결과물을 **저장**합니다. 앞에서 저장할 때와 다른 점은 저장할 이름을 물어보지 않고 **'독도'라는 이름으로 덮어쓰기**가 되면서 저장이 됩니다.

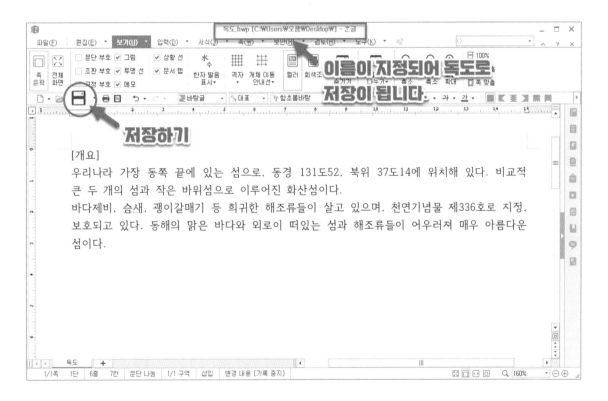

08 한글 앱을 종료한 후 바탕화면에 있는 **독도.hwp** 파일을 더블클릭해서 열어봅니다(독도.hwp가 아니라 독도로 표시되기도 합니다).

혼자서 연습하기

① **한컴 타자연습** 프로그램을 실행해 보세요.

② 간격을 맞출 때는 Tab 을 사용해 아래 내용을 입력해 보세요.

어르신 디지털 생활 수강생 모집

어르신 디지털 생활 교육을 문화센터에서 실시합니다.

장소	교육시간	인원	내용
배움센터	10:00~12:00	10명	스마트폰 기초
내일지원	10:00~12:00	15명	사진편집
구청강당	13:00~15:00	20명	유튜브 크리에이터

CHAPTER 02

안내장 만들기

문자표를 이용해 다양한 기호를 문서에 삽입할 수 있으며, 입력한 텍스트의 글자 모양과 문단 모양을 다양하게 꾸미는 방법을 배웁니다.

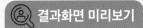

결과화면 미리보기

행사 시간표 및 안내장(안)

저희 북부농협에 항상 변함없는 사랑과 관심을 베풀어 주심에 깊은 감사를 드립니다.
다름이 아니오라 여성조합원의 역할제고 및 주인의식 고취를
여성조합원의 지위향상을 위하여 아래와 같이
*"2024 여성조합원 교육 및 한마음대회"*를
실시하고자 하오니 부디 참석하시어 자리를 빛내 주시기 바랍니다.

2024. 7. 6

북부농업협동조합 조합장 오 상 열

북부농협 여성조합원 한마음대회

★ 일　시 : 2024년 7월 6일 오후 2시
♥ 장　소 : 북부대학강당
♣ 행사내용 : − 농악 및 댄스 공연
　　　　　　　− 여성조합원 한마음 대회
▶ 행사문의처 : 북부농협 복지과 강혜연(☎ 123−4567)

※ 행사당일 안내장 꼭 지참하고 오세요.

무엇을 배울까?

❶ 여백 설정하기/문단 부호 보기
❷ 문자표 넣기
❸ 글자 모양 지정하기
❹ 문단 모양 지정하기

STEP 1 ▶ 여백 설정하기/문단 부호 보기

01 문서를 작성할 때 가장 먼저 하는 것은 여백 설정입니다. ❶[쪽] 메뉴에서 ❷[편집 용지]를 클릭합니다.

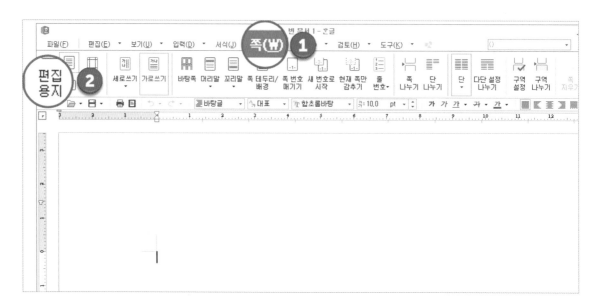

02 문서에 따라 여백은 다르게 설정합니다. 여기에서는 ❶위쪽 "30", ❷아래쪽 "30"을 입력한 후 [설정]을 클릭합니다.

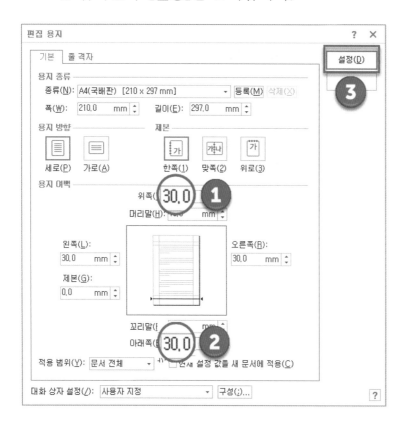

03 **[보기]** 메뉴에서 **[문단 부호]를 체크**해서 글자를 입력할 때 줄 바꿈위치가 어디인지 보이도록 만들어 두세요.

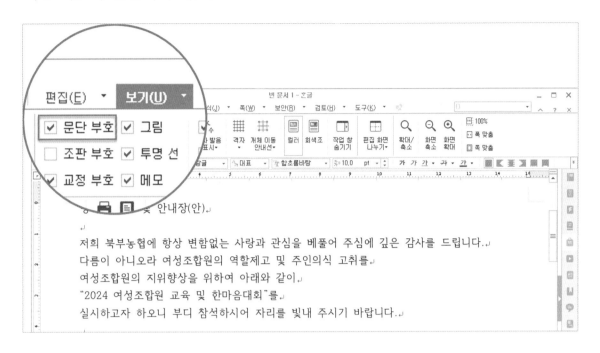

04 아래 내용을 오타 없이 천천히 입력합니다.

행사 시간표 및 안내장(안).↵

↵

저희 북부농협에 항상 변함없는 사랑과 관심을 베풀어 주심에 깊은 감사를 드립니다..↵
다름이 아니오라 여성조합원의 역할제고 및 주인의식 고취를↵
여성조합원의 지위향상을 위하여 아래와 같이↵
"2024 여성조합원 교육 및 한마음대회"를↵
실시하고자 하오니 부디 참석하시어 자리를 빛내 주시기 바랍니다.↵

↵

2024. 7. 6↵

↵

북부농업협동조합 조합장 오 상 열↵

입력할 때 글자가 잘 안 보이면 키보드 Ctrl을 누른 상태에서 마우스 휠을 위로 굴리면 글자가 **확대**됩니다. 반대로 Ctrl을 누른 상태로 마우스 휠을 아래로 굴리면 축소가 됩니다. 너무 크게 하거나 또는 작게 하면 입력할 때 불편하니 적당한 크기로 변경하세요 (인쇄할 때 글자가 커지는 것은 아닙니다).

STEP 2 ▶ 문자표 넣기

01 입력한 마지막에서 아래처럼 추가로 입력해 줍니다.

02 ❶[입력] 메뉴를 클릭한 후 리본메뉴의 끝에 있는 ❷[문자표] 드롭다운 버튼을 클릭한 후 ❸[문자표]를 클릭합니다(이미 문자표를 사용했던 흔적이 보이는데, 최근 사용한 문자표가 표시됩니다).

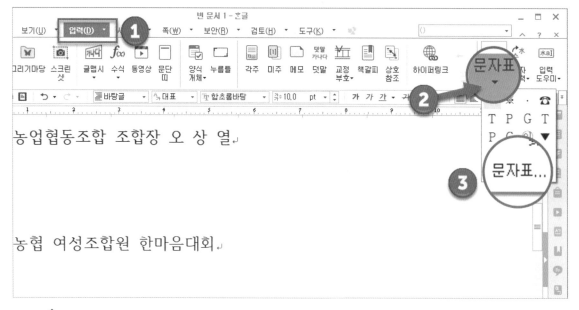

글자를 입력할 위치에서 **마우스 우클릭**을 하면 [문자표] 메뉴가 바로 나와 편리하게 문자표를 실행할 수 있습니다.

03 ❶**[훈글(HNC) 문자표]** 탭을 클릭한 후, 좌측 문자 영역에서 ❷**[전각 기호(일반)]** 을 선택합니다. 오른쪽 창에 표시된 다양한 문자중에 ❸**[★]**를 선택한 후 ❹**[넣기]**를 누릅니다.

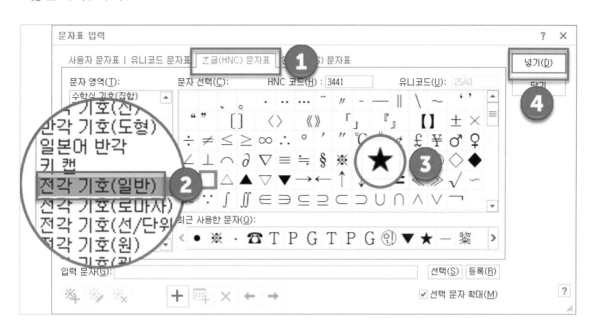

04 아래 내용을 입력하면서 특수기호는 문자표에서 찾아서 넣어줍니다. 문자표를 빠르게 입력하기 위해 Ctrl+F10을 눌러 보세요. 문자표 입력 대화상자가 바로 나옵니다. 문서 작성을 자주 하는 경우라면 자주 사용되는 단축키는 외워두면 좋습니다.

> 북부농협 여성조합원 한마음대회↵
>
> ↵
> ★ 일   시 : 2024년 7월 6일 오후 2시↵
> ♥ 장   소 : 북부대학강당↵
> ♣ 행사내용 : - 농악 및 댄스 공연↵
>   - 여성조합원 한마음 대회↵
> ▶ 행사문의처 : 북부농협 복지과 강혜연(☎ 123-4567).↵
> ↵
> ※ 행사당일 안내장 꼭 지참하고 오세요.↵

STEP 3 글자 모양 지정하기

01 화면 확대를 한 경우라면 **❶[보기]** 메뉴를 클릭한 후 **❷[폭 맞춤]**을 선택합니다.

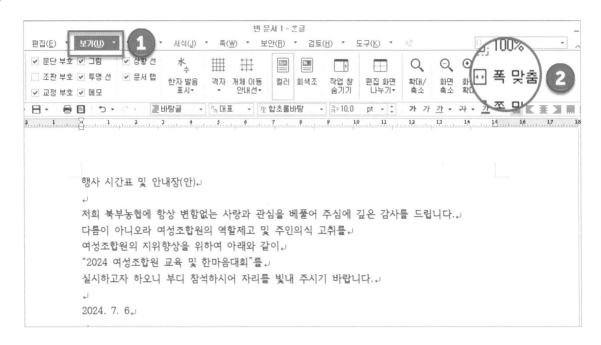

02 **❶[편집]** 메뉴에서 **❷[모두 선택]**을 클릭합니다(단축키 Ctrl + A).

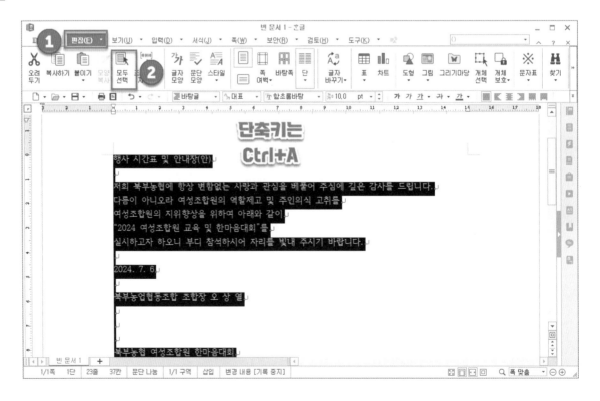

03 글자체를 변경하기 위해 ❶[글꼴] 드롭다운을 클릭한 후 ❷[궁서]를 선택합니다.

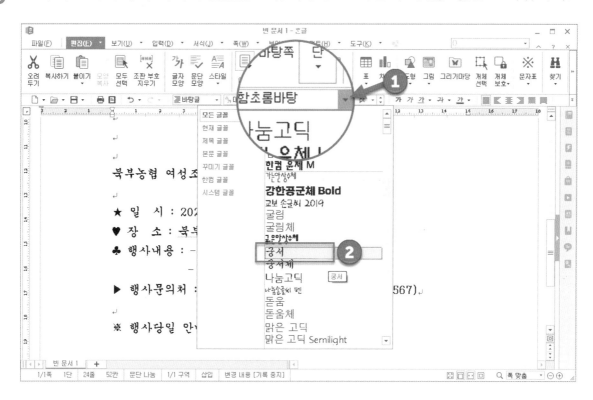

04 ❶[글자 크기] 드롭다운을 클릭한 후 ❷[14 pt]를 선택합니다.

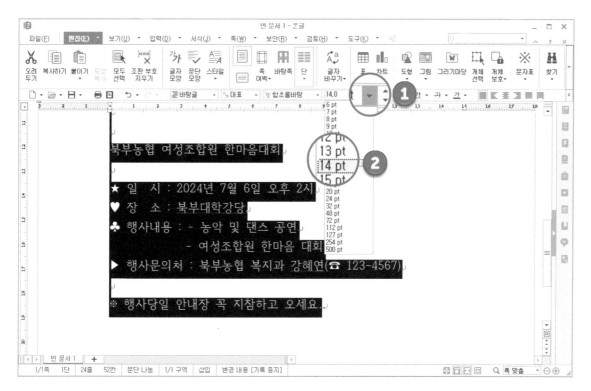

05 ❶첫 번째 줄 앞에 클릭해서 한 줄 전체를 블록으로 지정한 후, ❷[서식] 메뉴를 클릭한 다음 ❸[글자 모양]을 선택합니다.

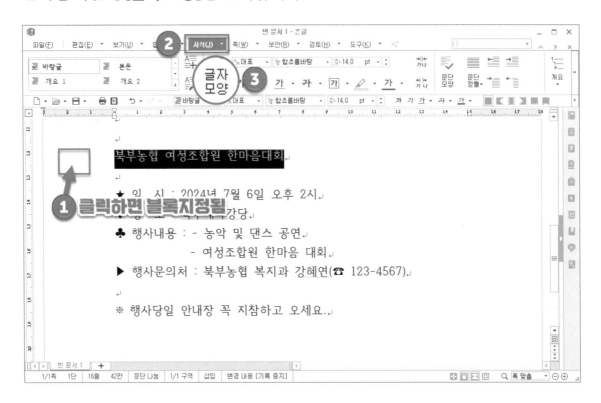

06 대화상자에서 기준 크기를 ❶"20"으로 지정하고, ❷글자 색 드롭다운을 클릭한 후 ❸[흰색]을 선택합니다.

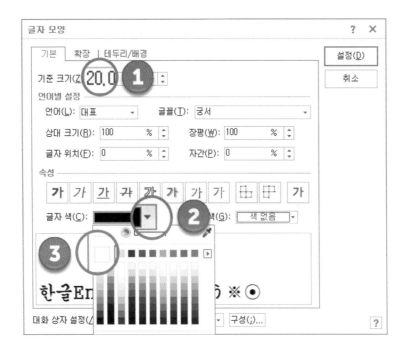

07 계속해서 ❶[테두리/배경] 탭을 클릭하고, ❷면 색 드롭다운을 클릭한 후 ❸[남색]을 선택한 다음 ❹[설정]을 누릅니다.

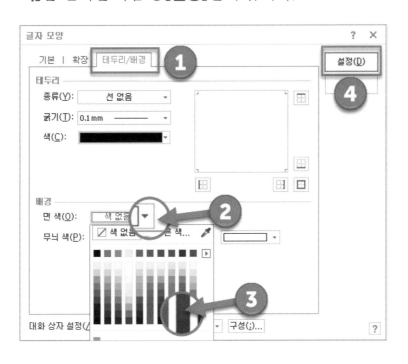

08 ❶블록 지정한 후 ❷[글자 모양]에서 ❸[기본] 탭 선택 후, 기준 크기 ❹"18pt", 속성은 ❺[기울임]으로, 글자 색은 ❻[빨강]으로 변경합니다.

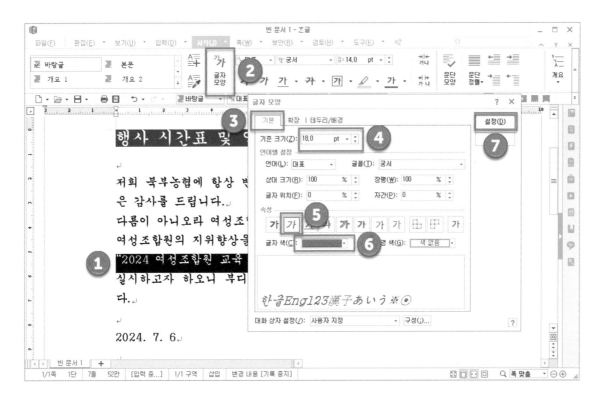

09 주최 기관장을 블록 지정한 후, 글자 크기를 "**18pt**"로 변경합니다.

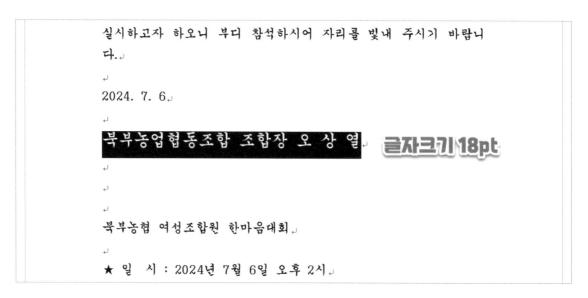

10 ❶**블록 지정**한 후 서식 메뉴의 ❷[**글자 모양**]을 클릭해서 대화상자가 나오면 기준 크기는 ❸"**20pt**", 글자 색은 ❹[**흰색**]으로 변경합니다.

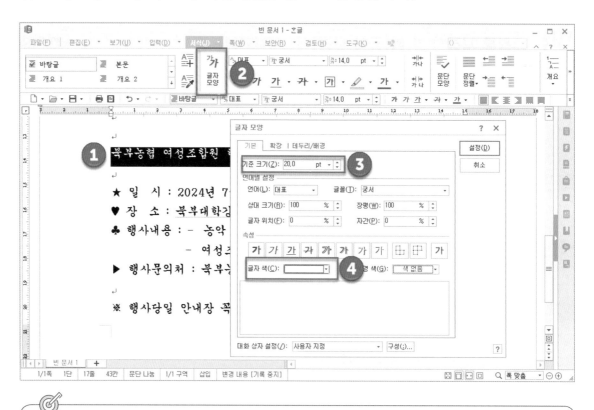

글자 모양의 단축키는 Alt + L 입니다.

11 계속해서 ❶[테두리/배경] 탭을 클릭한 후 면 색을 ❷[남색]으로 변경한 후 ❸[설정]을 클릭합니다.

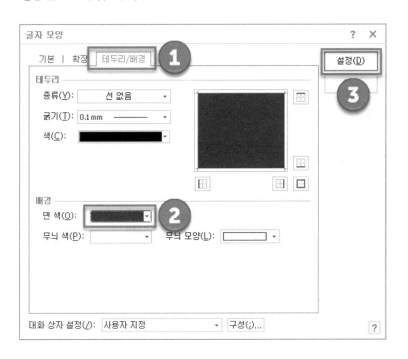

12 나머지 문단의 글자색도 아래와 같이 변경해 보세요. **[글자 모양]** 기능을 사용하려면 항상 **블록 지정을 먼저** 한 후 진행합니다.

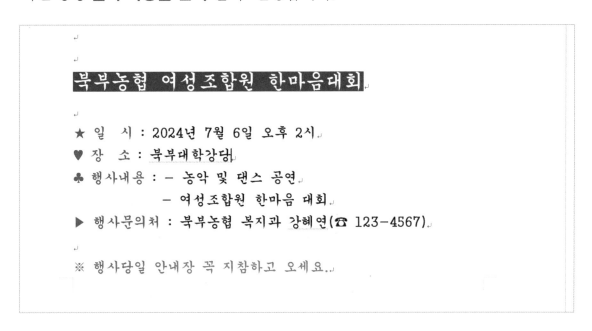

01 아래와 같이 마우스를 드래그해서 **블록을 지정**합니다.

02 기본 도구상자에서 **[가운데 정렬]**을 클릭합니다.

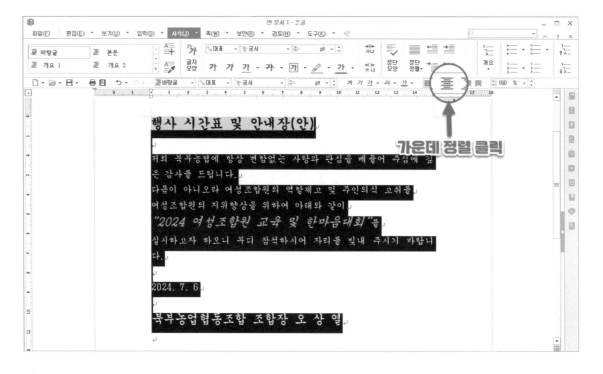

03 한 줄만 문단 모양을 사용할 경우는 블록을 지정하지 않아도 적용할 수 있습니다. 아래처럼 커서가 문단 어느 곳에 있더라도 관계 없습니다. **[가운데 정렬]**을 합니다.

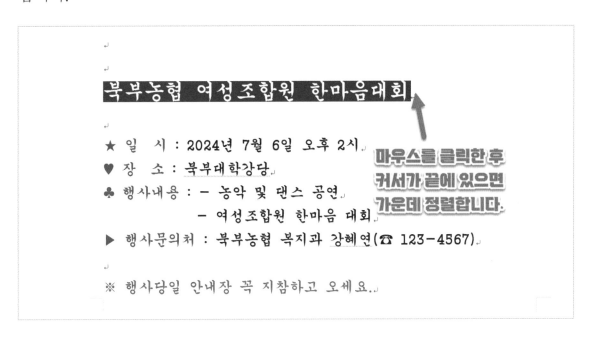

04 나머지 내용을 ❶블록 **지정**한 후, ❷**[문단 모양]**을 클릭하고 대화상자가 열리면 ❸**[왼쪽 여백]**을 "**95**"로 입력한 후 ❹**[설정]**합니다.

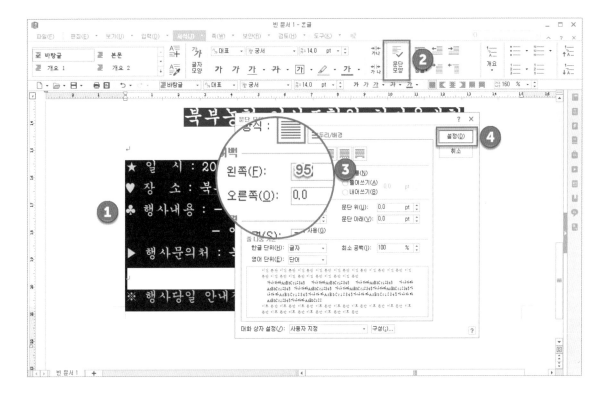

05 문서의 왼쪽 여백과 오른쪽 여백을 "**5**"로 변경하기 위해, 아래처럼 직접 변경해 보세요(단축키 F7).

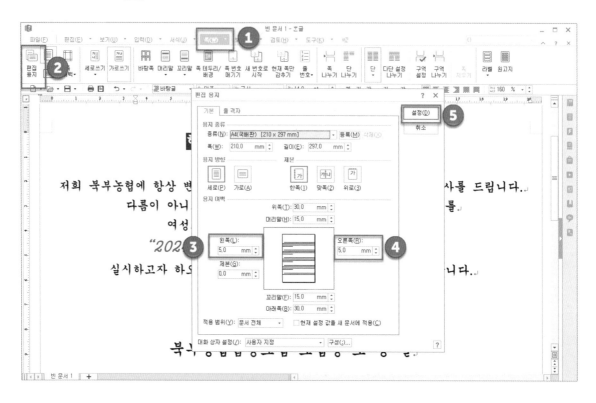

06 [**저장하기**]를 클릭해서 바탕화면에 "**안내장**"으로 저장합니다.

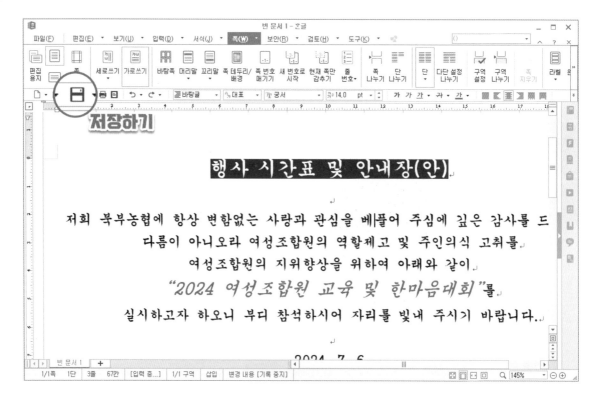

혼자서 연습하기

① 앞에서 작성한 문서를 아래와 같이 글자 모양과 문단 모양을 변경하여 꾸며 보세요. 여백은 위쪽/아래쪽 10mm, 모든 줄간격 200%로 변경해 보세요.

행사 시간표 및 안내장(안)

저의 북부농협에 항상 변함없는 사랑과 관심을 베풀어 주심에 깊은 감사를 드립니다.
다름이 아니오라 여성조합원의 역알제고 및 주인의식 고취를
여성조합원의 지위향상을 위하여 아래와 같이
"2024 여성조합원 교육 및 안마음대회"를
실시하고자 하오니 부디 참석하시어 자리를 빛내 주시기 바랍니다.

2024. 7. 6

북부농업협동조합 조합장 오 상 열

북부농협 여성조합원 안마음대회

● 일 시 : 2024년 7월 6일 오후 2시
● 장 소 : 북부대악강당
● 행사내용 : - 농악 및 댄스 공연
              - 여성조합원 안마음 대회
● 행사문의처 : 북부농협 복지과 강예연(☎ 123-4567)

√ 행사당일 안내장 꼭 지참하고 오세요.

글자/문단 모양 고급 기능

웹에서 텍스트를 복사하여 한글에서 다양한 편집 기능을 활용해 문서를 완성할 수 있습니다. 한자 변환과 한자 사전등록 방법을 알아보고, 서식을 복사하는 모양 복사 기능과 문단 첫 글자를 꾸미는 방법에 대해서도 배웁니다.

결과화면 미리보기

1절 동해물과 白頭山이 마르고 닳도록 하느님이 保佑하사 우리나라 萬歲
　　無窮花 三千里 華麗 江山 大韓 사람 大韓으로 길이 保全하세

2절 남산 위에 저 소나무 철갑을 두른 듯 바람 서리 불변함은 우리 기상일세
　　無窮花 삼천리 華麗江山 대한 사람 대한으로 길이 보전하세

3절 가을 하늘 공활한데 높고 구름 없이 밝은 달은 우리 가슴 일편단심일세
　　無窮花 삼천리 화려 강산 대한 사람 대한으로 길이 보전하세

4절 이 기상과 이 맘으로 충성을 다하
　　無窮花 삼천리 화려 강산 대한 사

무게반입을 위한 계획

2 가 베이징에서 귀국할 때 무기를 반입하려 했다는 사실이다. 그런 계획을 세운데에는 1940년대에 들어 국내에서는 독립군적인 조직들이 나타나고 있었던 점과 걸음을 같이 하는 것으로 이해된다.

"아빠 갔다 오마"

1 943년 7월에 그는 모친과 형의 소상(小祥)에 참여하기 위해 귀국했다. 고향마을인 원촌과 안동풍산에서 일박하고 상경한 뒤, 늦가을에 동대문 형사대와 헌병대에 검거된다. 부인 안일양은 7월에 동대문 경찰서에서 마지막으로 육사를 보았다고 전한다. 20여일동안 구금생활을 치르다가 "딸 옥비에게 전에 없이 심각한 표정으로 딸의 볼을 얼굴에 대고, 손을 꼭 쥐고는 '아빠 갔다 오마'라고 말했다"고 한다.

"시신을 인수해 가라"

2 0여일 후 베이징으로 끌려갔다. 육사의 마지막 길이었다. 육사는 1944년 1월 16일 베이징 일본총영사관 감옥에서 순국하였다.육사와 같은 마을 출신이자 독립운동 활동을 하던 친척 이병희 여사가 육사의 마지막을 정확하게 증언해 주었다. 육사가 사망했으니 시신을 인수해가라는 연락을 듣고 이병희는 베이징 일본 총영사관 감옥으로 가서 관을 인수하고, 급히 빌린 돈으로 화장을 치렀다. 그 유골이 든 상자를 이귀례라는 친구집에 두었다. 순국 후 9일 지나 1944년 1월 25일에 원창에게 넘겨졌다. 유해는 국내로 옮겨져 미아리 공동묘지에 안장되었다가, 1960년 그의 고향마을 뒷산으로 이장되었다.

무엇을 배울까?

❶ 애국가 복사/붙여넣기
❷ 한자 변환하고 단어 등록하기
❸ 찾아 바꾸기
❹ 문단 모양의 왼쪽 여백

❺ 문단 모양의 들여쓰기
❻ 모양 복사하기
❼ 문단 첫 글자 장식

01 바탕화면에서 **[엣지 브라우저]**를 실행합니다. 다른 브라우저를 실행하더라도 방법은 동일합니다.

02 검색 상자에 **"네이버"**를 입력한 후 Enter 를 눌러서 검색 결과 링크를 클릭합니다.

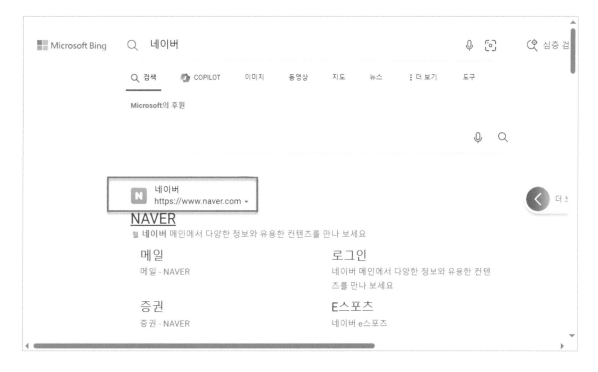

03 ❶"애국가 가사"를 검색 상자에 입력한 후 `Enter`를 누른 다음 아래의 가사가 보이면 **1절부터 4절**까지 마우스 왼쪽 단추를 누른 상태로 드래그해서 ❷**블록을 지정**합니다.

04 블록 지정된 곳에 마우스를 올려놓은 후, 우클릭해서 **[복사]**를 클릭합니다.

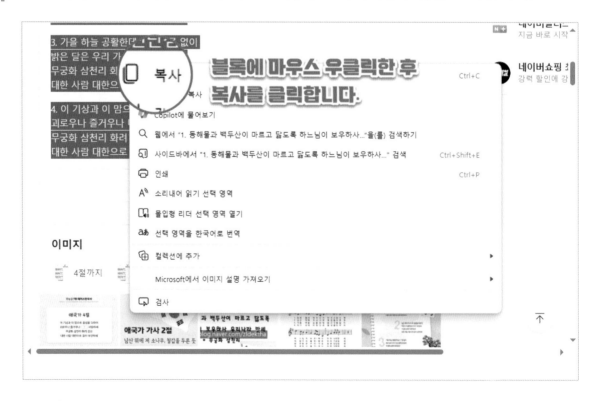

05 엣지 브라우저의 창을 **최소화**합니다(혹시 복사가 제대로 되지 않은 경우 다시 복사할 수 있도록 최소화한 것입니다).

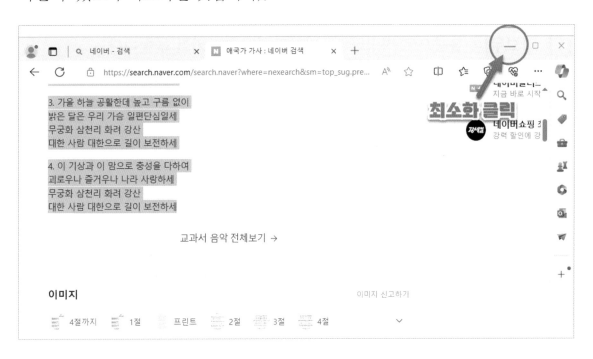

06 바탕화면에서 **한글** 앱을 실행한 후, Ctrl+V**를 눌러서 [붙여넣기]**를 합니다(또는 마우스 우클릭 후 붙여넣기 선택). 웹 데이터를 복사하여 붙여넣기를 하면 아래와 같이 대화상자가 나오게 되는데, ❶**[텍스트 형식으로 붙이기]**를 선택한 후 ❷**[확인]** 버튼을 클릭하면 문자만 가져와서 붙여넣기가 됩니다.

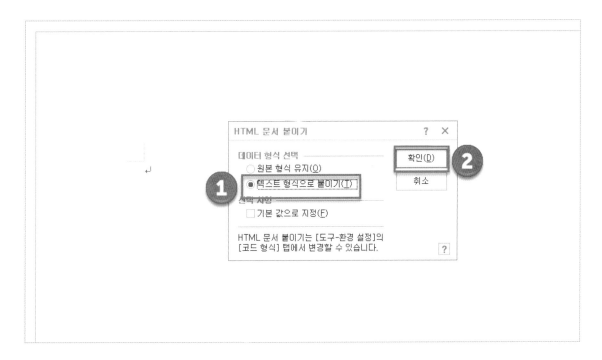

STEP 2 ▶ 한자 변환하고 단어 등록하기

01 [보우]를 블록으로 지정한 후, 키보드에서 [한자] 키를 누릅니다.

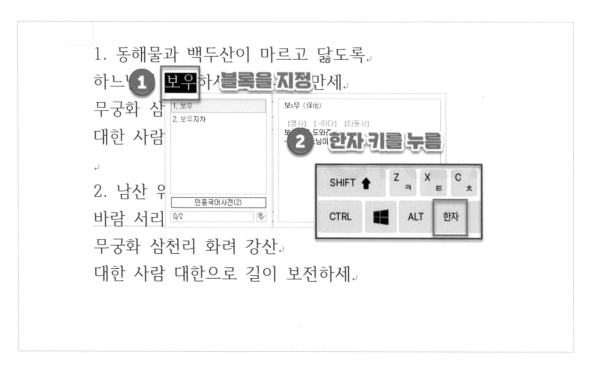

02 해당하는 ❶保佑를 고른 후, 입력 형식에서 첫 번째에 있는 ❷漢字를 선택한 다음 ❸바꾸기를 클릭합니다.

03 아래와 같이 한자로 모두 변환해 보세요.

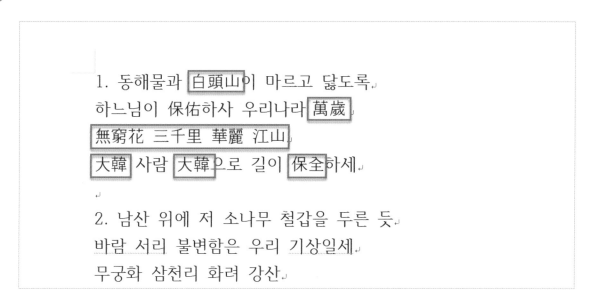

04 "화려 강산"을 한자로 변환할 때는 두 번의 변환과정을 물어보는데 띄어쓰기가 되어 있거나 한자 단어로 등록되지 않아서입니다. 단어 등록을 해보도록 합니다. **2절의 ❶"화려 강산"**을 블록으로 지정한 후 **❷[입력]** 메뉴를 클릭하고 리본메뉴의 끝에 있는 **❸[한자 입력]** 드롭다운을 클릭하면 나오는 **❹[한자 단어 등록]**을 클릭합니다.

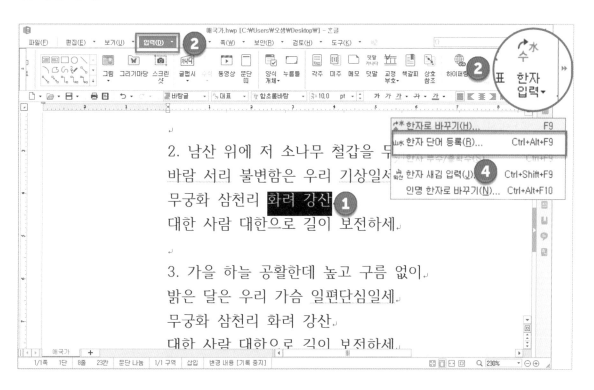

05 ❶[등록된 단어를 참조하여 한 번 바꾸기]를 선택하고 ❷[한자로] 버튼을 클릭합니다.

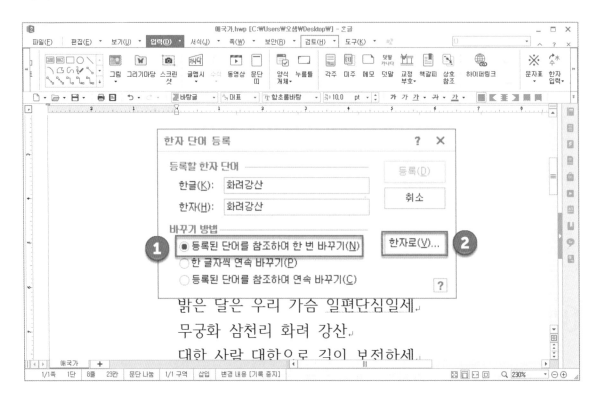

06 해당하는 ❶[華麗]를 선택하고 ❷[바꾸기]를 클릭합니다. 만약 한 글자씩 나온다면 한자 단어 등록 대화상자에서 [한자] 입력란의 커서를 "화려강산" 뒤로 이동한 후 다시 수행해 봅니다.

07 [華麗강산] 뒤를 ❶마우스로 클릭해 커서를 이동한 후 ❷[한자로]를 클릭합니다.

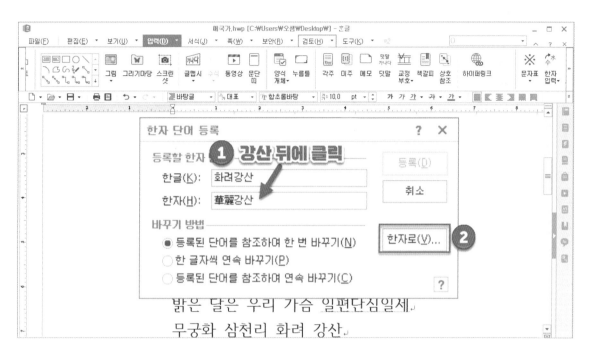

08 해당하는 ❶[江山]을 선택하고 ❷[바꾸기] 버튼을 클릭합니다.

09 등록할 한자 단어의 한자 [華麗江山]이 맞는지 확인하고 **[등록]** 버튼을 클릭해서 등록합니다.

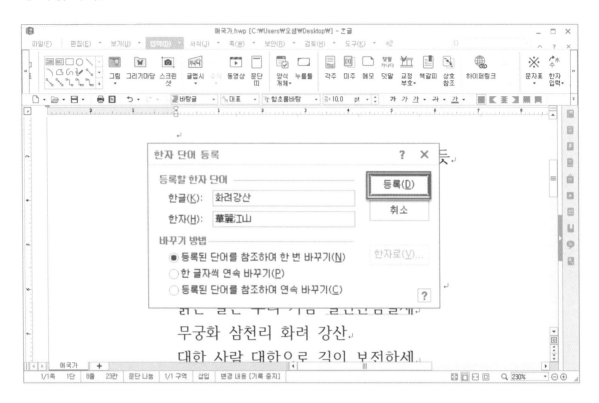

10 **"화려 강산"**처럼 띄어쓰기는 안되므로, ❶**"화려강산"**으로 글자를 붙인 후 한자 키를 누른 다음 ❷[華麗江山]을 선택해 ❸[바꾸기]를 합니다.

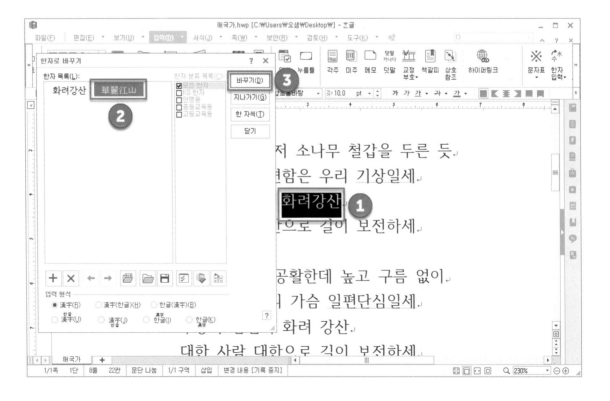

STEP 3 > 찾아 바꾸기

01 아래 내용처럼 줄을 합치고 내용을 수정해 주세요.

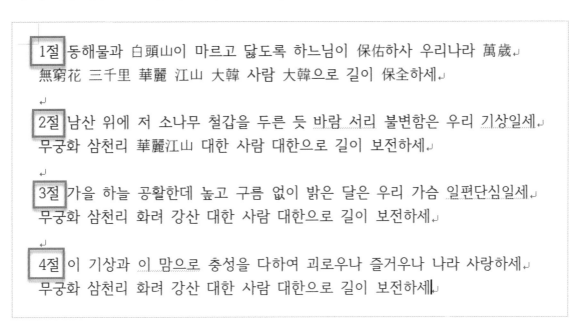

02 **[무궁화]**를 **[無窮花]**로 한 번에 바꾸려고 합니다. ❶**[편집]** 메뉴에서 ❷**[찾기]** 드롭다운을 클릭한 다음 ❸**[찾아 바꾸기]**를 선택합니다.

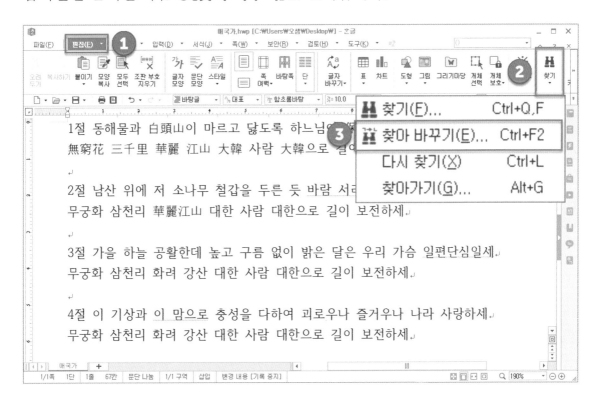

03 찾을 내용은 ❶"무궁화"를, 바꿀 내용도 "무궁화"를 입력한 후 한자 ❷"無窮花"로, ❸[문서 전체]를 선택하고 ❹[모두 바꾸기]를 클릭합니다.

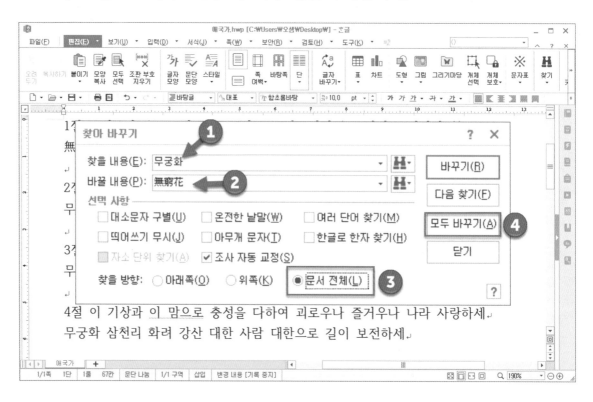

04 바꾸기가 완료되면 ❶[확인]을 클릭한 후 ❷[닫기]를 누릅니다.

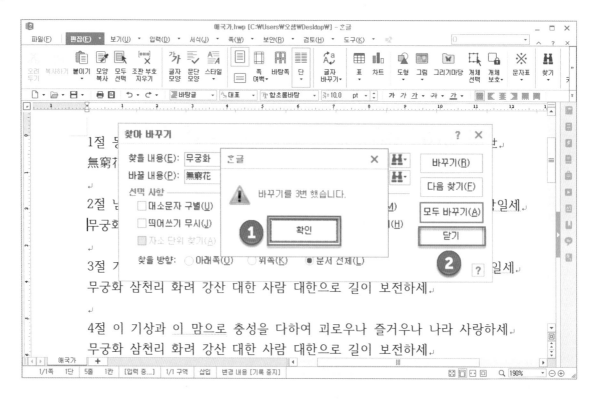

STEP 4 > 문단 모양의 왼쪽 여백

01 커서가 후렴구 앞에 오도록, 1절 ❶후렴구 앞을 클릭합니다.

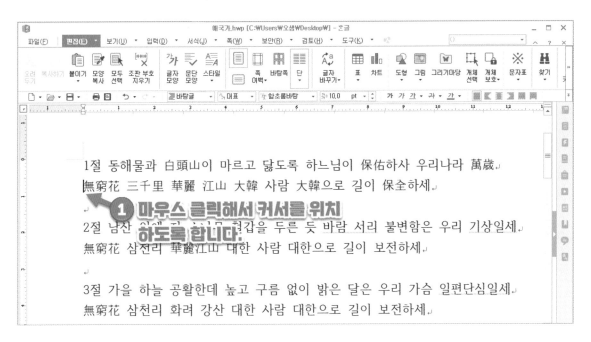

02 눈금자에 보이는 **왼쪽 여백**을 ❷오른쪽으로 드래그해서 '동해물과 백두산이' 앞의 **[동]에 맞추도록** 합니다.

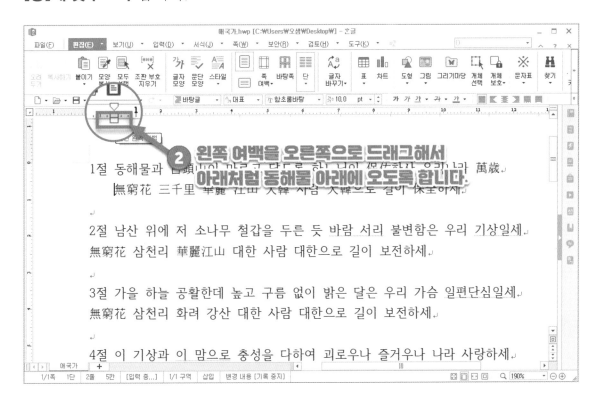

03 나머지 후렴구도 동일한 방식으로 **[문단 왼쪽여백]**을 드래그해서 조정합니다.

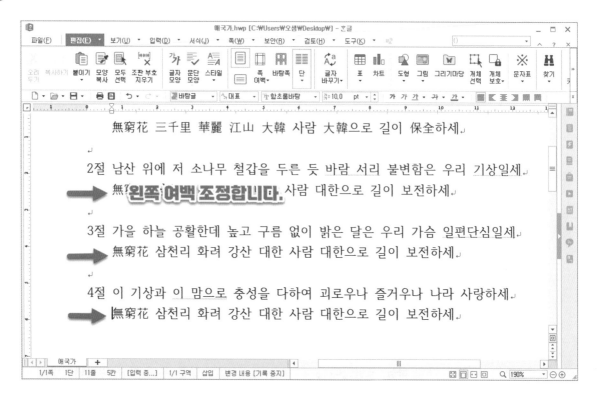

04 정확하게 왼쪽 여백을 값으로 조정하기 위해 **❶1절 후렴구 앞**에 클릭한 후, **[편집]** 리본메뉴에서 **❷[문단 모양]**을 선택합니다.

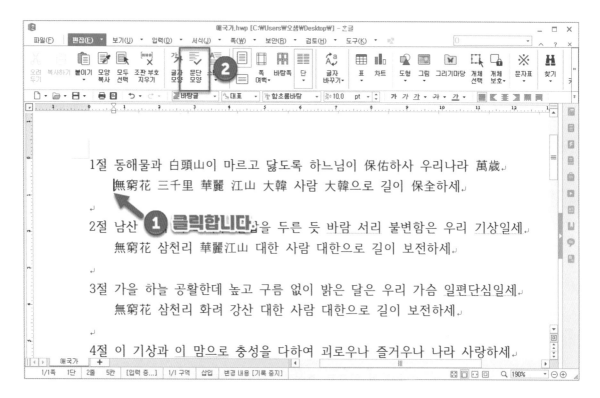

05 왼쪽 여백을 "**20**"으로 변경한 후 [**설정**]을 클릭합니다.

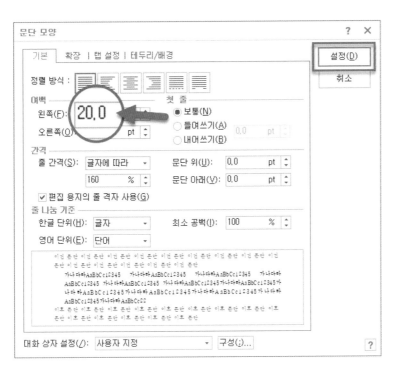

06 나머지 후렴구 앞에 클릭한 후 [문단 모양] 버튼을 클릭해서 동일하게 왼쪽 여백을 "**20**"으로 변경해 줍니다. 여기까지 작업이 끝나면 애국가 문서를 [**저장**]해 줍니다.

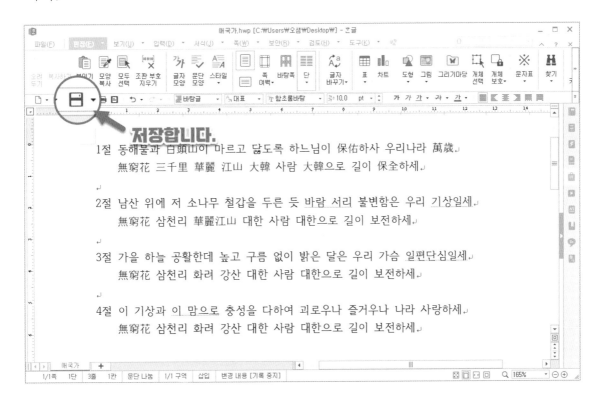

01 웹 브라우저를 실행한 후 시인이자 독립운동가인 **"이육사"**를 검색하여 **[이육사 문학관]** 사이트를 클릭합니다.

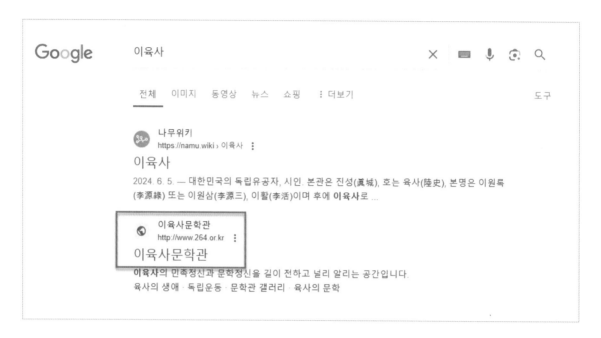

02 ❶[이육사] 메뉴에 마우스를 올려놓은 후 ❷[독립운동]을 클릭합니다.

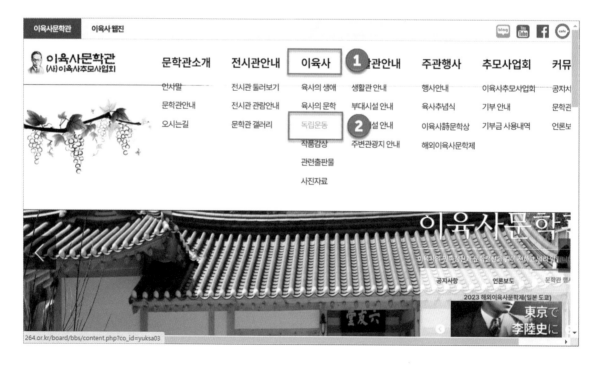

03 ❶**[마지막길]** 메뉴를 선택한 후 ❷**부터** ❸**까지를 블록으로 지정**합니다.

04 블록 지정된 곳에 **마우스 우클릭**을 한 후 **[복사]**를 클릭합니다.

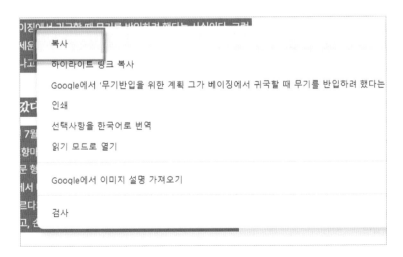

05 [한글] 앱에서 새 문서를 열고 리본 메뉴에서 ❶[붙이기]를 클릭한 후 ❷[텍스트 형식으로 붙이기]를 선택하고 ❸[확인]합니다.

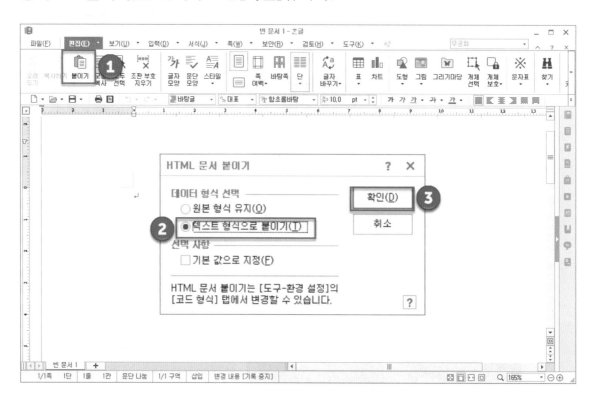

06 ❶문단 첫 줄 시작 위치에 클릭한 후, ❷1 글자로 들여쓰기합니다.

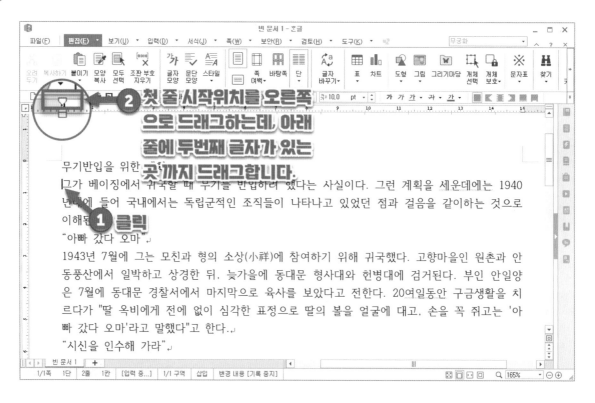

07 정확한 숫자로 들여쓰기를 하려면 리본메뉴에서 **❶[문단 모양]**을 클릭한 후, 들여쓰기 숫자를 **❷"10pt"**로 변경합니다.

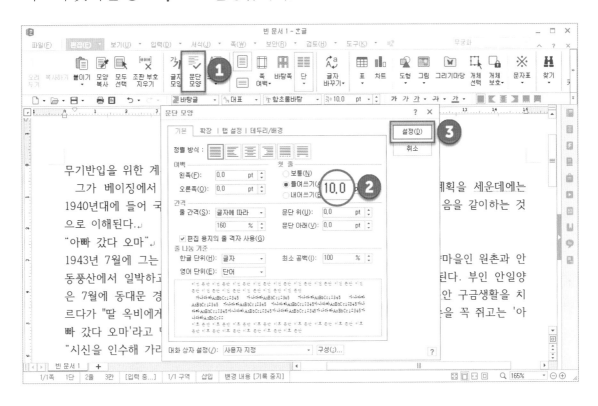

08 문단 첫 줄을 모두 들여쓰기해 준 후 **"이육사"로 저장**합니다.

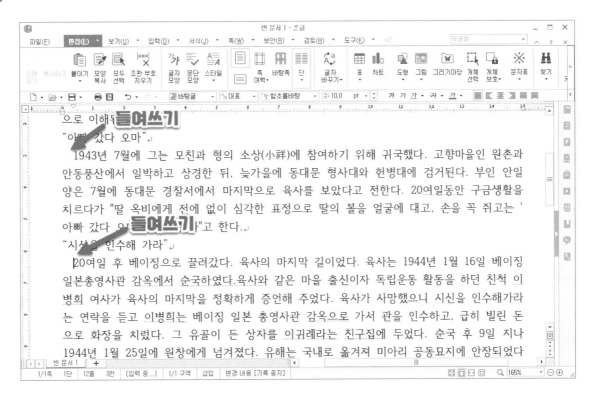

01 아래와 같이 ❶부제목을 블록 지정한 후, ❷글꼴은 [한컴 윤체B], 글자 크기는 [14]로 변경합니다.

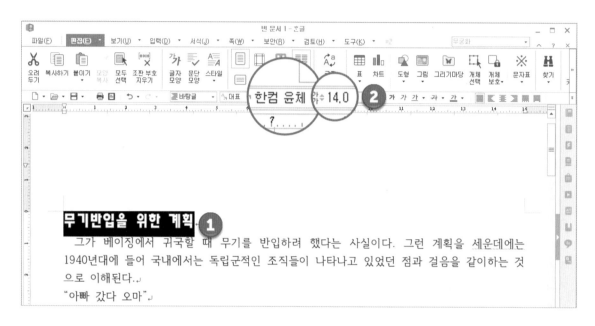

02 [글자 모양]에서 ❶[자간]을 10%로, 속성은 ❷그림자, 글자 색은 ❸[진달래](보라 계열)로 변경합니다.

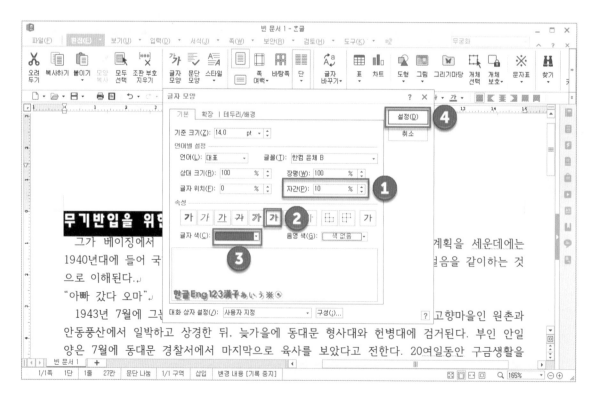

03 모양 복사는 블록이 해제된 상태에서 속성을 복사해야 하므로, 부제목 뒤에 **❶클릭**해서 블록을 해제한 후, 리본메뉴에서 **❷[모양 복사]**를 클릭하고 **❸[글자 모양과 문단 모양 둘 다 복사]**를 선택한 다음 **❹[복사]**를 클릭합니다.

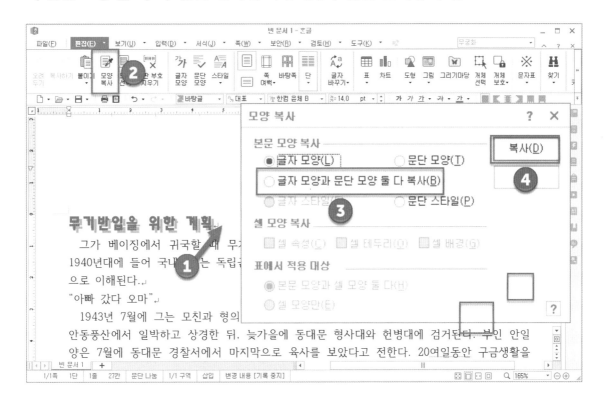

04 적용할 다른 부제목을 **❶블록 지정**하고 **❷[모양 복사]**를 누릅니다.

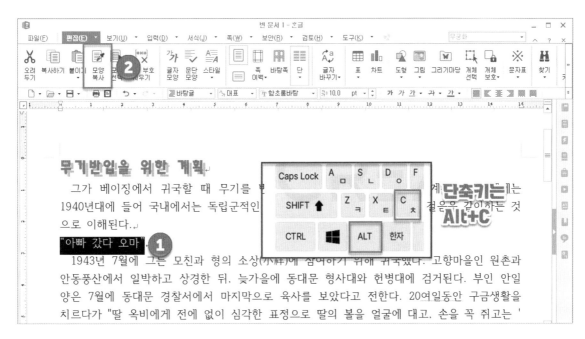

01 ❶첫 문단에 커서를 위치하고 ❷[서식]을 눌러서 ❸[문단 첫 글자 장식]을 선택합니다.

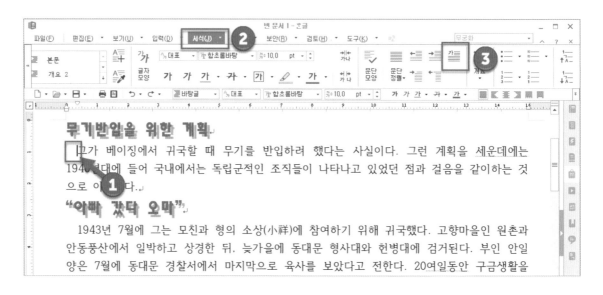

02 대화상자에서 모양은 ❶[2줄], 글꼴은 ❷[궁서], 선 종류는 [실선], 선 색은 [빨강색], 면 색은 [노랑색]으로 변경한 후 ❸[설정]을 누릅니다.

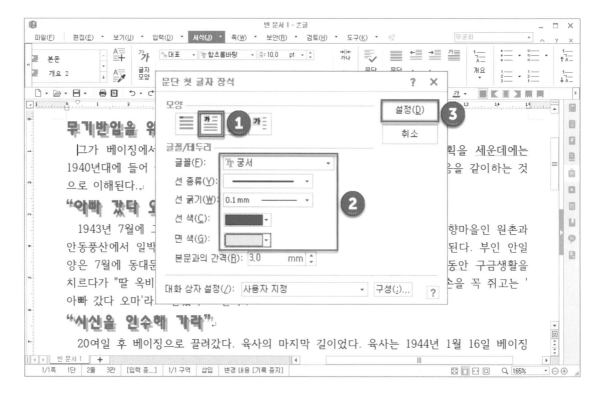

03 나머지 동일한 작업을 하기 위해, ❶[편집] 메뉴에서 ❷[모양 복사]를 클릭하고 ❸[글자 모양과 문단 모양 둘 다 복사]를 선택한 후 ❹[복사]합니다.

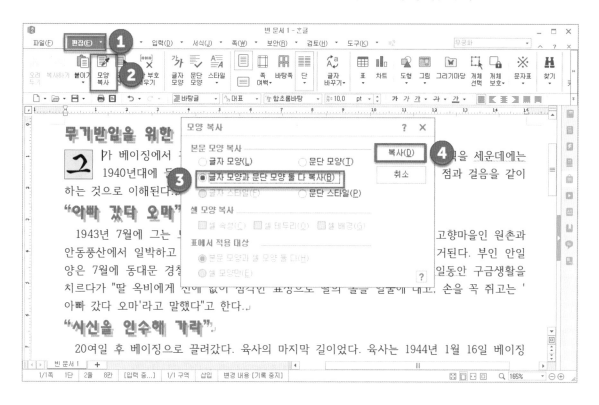

04 두 번째 문단을 ❶블록 지정한 후 ❷[모양 복사]를 누릅니다. 이상하게 모양 복사가 적용되지 않습니다. 모양 복사는 글자모양/문단모양/문단스타일 만 작업할 수 있으므로 Ctrl + Z 를 눌러서 되돌리기합니다.

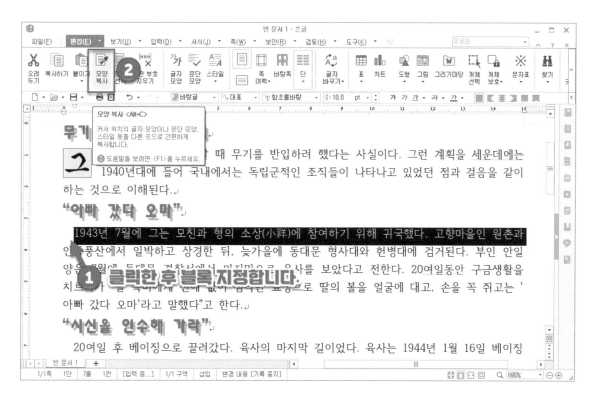

05 문단 첫 글자 장식이 적용된 ❶첫 번째 문단을 클릭하고, ❷[서식] 메뉴에서 ❸[문단 첫 글자 장식]을 클릭합니다.

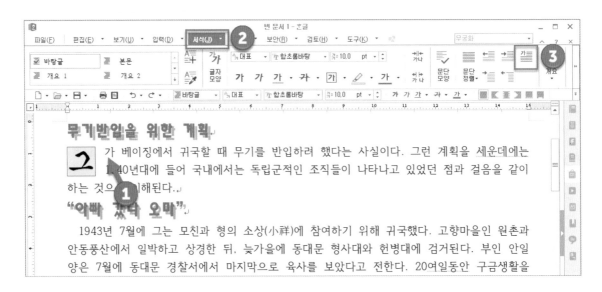

06 ❶[구성]을 눌러서 ❷[+](추가)를 클릭하고, ❸"궁서노랑빨강"이라고 입력한 다음 ❹[설정] 버튼을 클릭하고 ❺[닫기]를 하면 저장됩니다.

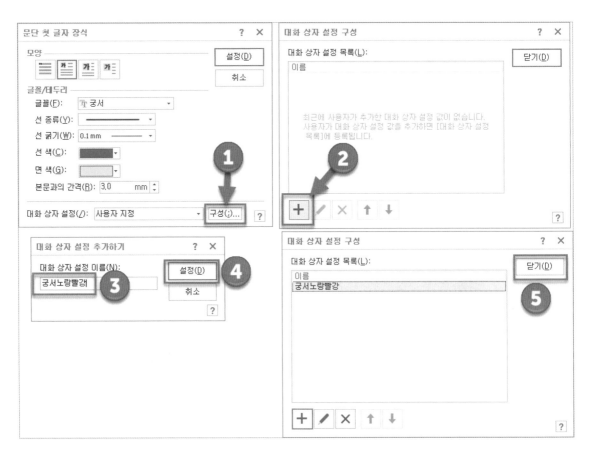

07 첫 글자 장식을 적용하려는 문단을 ❶클릭해 커서를 이동하고 [서식] 메뉴에서 **[문단 첫 글자 장식]**을 클릭합니다. 대화 상자 설정 드롭다운을 클릭하고 앞에서 저장한 ❷**[궁서노랑빨강]**을 선택한 다음 ❸**[설정]**을 클릭합니다.

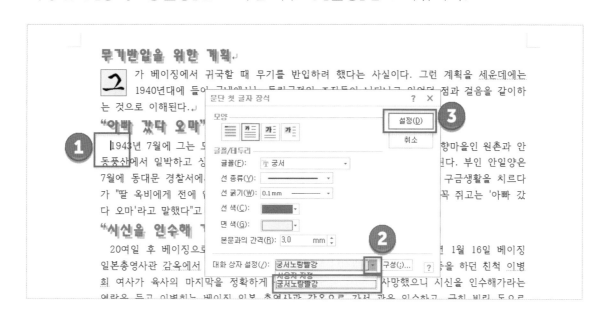

08 같은 방법으로 **마지막 문단에도 문단 첫 글자 장식을 적용**해 완성한 다음 작성된 문서를 **"이육사"로 저장**합니다.

무기반입을 위한 계획

2 가 베이징에서 귀국할 때 무기를 반입하려 했다는 사실이다. 그런 계획을 세운데에는 1940년대에 들어 국내에서는 독립군적인 조직들이 나타나고 있었던 점과 걸음을 같이 하는 것으로 이해된다.

"아빠 갔다 오마"

1 943년 7월에 그는 모친과 형의 소상(小祥)에 참여하기 위해 귀국했다. 고향마을인 원 촌과 안동풍산에서 일박하고 상경한 뒤, 늦가을에 동대문 형사대와 헌병대에 검거된 다. 부인 안일양은 7월에 동대문 경찰서에서 마지막으로 육사를 보았다고 전한다. 20여일동안 구금생활을 치르다가 "딸 옥비에게 전에 없이 심각한 표정으로 딸의 볼을 얼굴에 대고, 손을 꼭 쥐고는 '아빠 갔다 오마'라고 말했다"고 한다.

"시신을 인수해 가라"

2 0여일 후 베이징으로 끌려갔다. 육사의 마지막 길이었다. 육사는 1944년 1월 16일 베 이징 일본총영사관 감옥에서 순국하였다. 육사와 같은 마을 출신이자 독립운동 활동을 하던 친척 이병희 여사가 육사의 마지막을 정확하게 증언해 주었다. 육사가 사망했으니 시신 을 인수해가라는 연락을 듣고 이병희는 베이징 일본 총영사관 감옥으로 가서 관을 인수하고, 급히 빌린 돈으로 화장을 치렀다. 그 유골이 든 상자를 이귀례라는 친구집에 두었다. 순국 후 9일 지나 1944년 1월 25일에 원창에게 넘겨졌다. 유해는 국내로 옮겨져 미아리 공동묘지에

1. "이육사문학관" 사이트의 [작품감상]에서 복사해 아래와 같이 꾸며 보세요 (여백 조정, 글자 크기는 12pt, "별"은 찾아 바꾸기 기능을 이용해 "★"로 변경).

한 개의 ★을 노래하자

李陸史

한 개의 ★을 노래하자 꼭한개의 ★을
十二星座 그 숫한 ★을 었지나 노래하겟늬

꼭 한개의★! 아츰날때보고 저녁들때도보는★
우리들과 아-주 親하고그중빗나는★을노래하자
아름다운 未來를 꾸며볼 東方의 큰★을가지자

한 개의 ★을 가지는건 한개의 地球를 갖는것
아롱진 서름밖에 잃을것도 없는 낡은이따에서
한개의새로운 地球를차지할 오는날의깃븐노래를
목안에 피스때를 올녀가며 마음껏 불너보자

처 녀의 눈동자를 늦기며 도라가는 軍需夜業의 젊은동무들
푸른 샘을 그리는 고달픈 沙漠의 行像隊도마음을 축어라
火田에 돌을 줍는 百姓들도沃野千里를 차지하자

다 같이 제멋에 알맞는豐穰한 地球의 主宰者로
임자없는 한개의 ★을 가질 노래를 부르자

한 개의★ 한개의 地球 단단히다저진 그따우에
모든 生産의 씨를 우리의손으로 휘뿌려보자
罌粟처럼 찬란한 열매를 거두는 饗宴엔
禮儀에 끄림없는 半醉의 노래라도 불너보자

렴 리한 사람들을 다스리는神이란항상거룩합시니
새★을 차저가는 移民들의그틈엔 안끼여갈테니
새로운 地球에단罪없는노래를 眞珠처름 훗치자

한 개의★을 노래하자 다만한개의 ★일망정
한개 또한개 十二星座모든 ★을 노래하자.

『풍림』, 1936. 12.

CHAPTER 04

문서 이미지 다루기

웹에서 검색한 사진을 문서에 복사/붙이기하여 본문과의 배치 관계를 살펴보고, 쪽을 벗어난 여백에도 위치하도록 작업하며 다양한 그림 효과 작업을 진행하고 쪽 배경으로 꾸미는 방법에 대해 배웁니다.

결과화면 미리보기

서시

윤동주

죽는 날까지 하늘을 우러러
한 점 부끄럼이 없기를,
잎새에 이는 바람에도
나는 괴로워했다.
별을 노래하는 마음으로
모든 죽어 가는 것을 사랑해야지
그리고 나한테 주어진 길을
걸어가야겠다.

오늘 밤에도 별이 바람에 스치운다.

무엇을 배울까?

❶ 이미지 삽입하기
❷ 본문과의 배치
❸ 쪽 제한 풀기

❹ 그림 효과와 편집
❺ 쪽 테두리/배경 지정하기

STEP 1 ▶ 이미지 삽입하기

01 웹 브라우저를 실행하여 구글 사이트에서 **"윤동주 서시"**를 검색하여 아래처럼
클릭합니다.

02 아래와 같이 **전문**에 있는 서시 내용을 ❶**블록 지정**한 후 **마우스 우클릭**해서 바로
가기 메뉴가 나오면 ❷**[복사]**를 클릭합니다. 키보드 단축키인 Ctrl+C 로 복사하
면 안될 경우가 간혹 있습니다. 그러므로 복사를 한 후에도 **창을 닫지 말고 최소
화**해 두기 바랍니다.

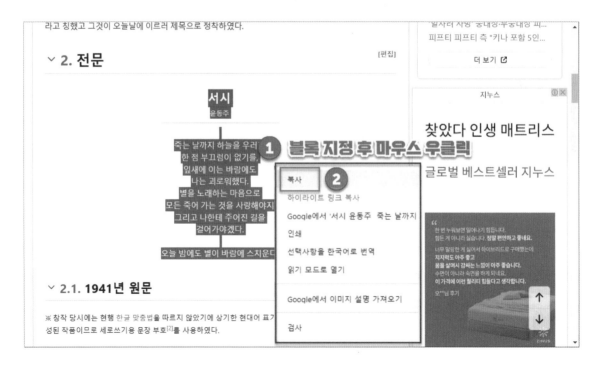

03 편집 메뉴에서 ❶[붙이기]를 클릭해 나온 대화상자에서 ❷[텍스트 형식으로 붙이기]를 선택한 후 ❸[확인]을 누릅니다.

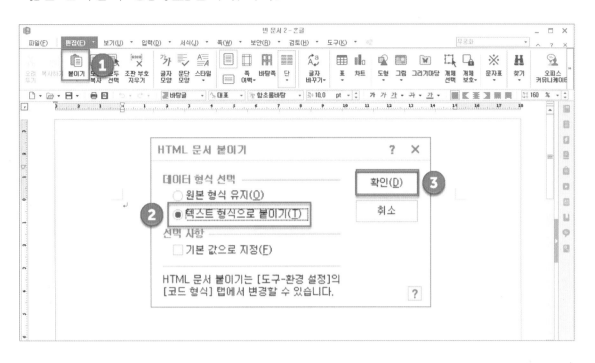

04 ❶[모두 선택]을 클릭해 전체를 블록 지정하고 ❷[휴먼옛체, 16pt]로 변경하고 ❸[가운데 정렬]을 누릅니다. 모두 선택은 Ctrl + A 를 눌러서 사용하는 것이 빠르며, 모든 앱에서 동일한 단축키로 사용됩니다.

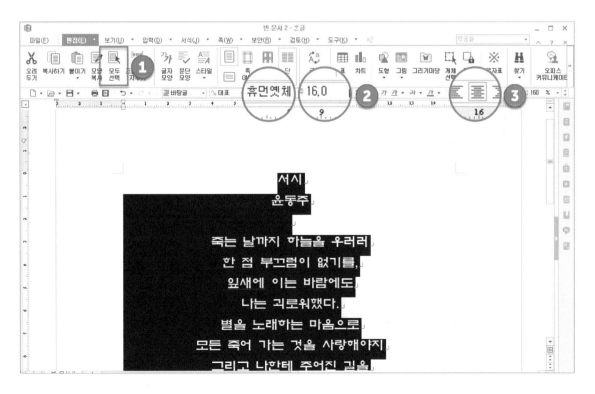

05 작업표시줄에 최소화 했던 **웹 브라우저**를 활성화 한 후 [Alt]+[Home]을 눌러서 **시작 페이지**로 이동합니다.

06 ❶"윤동주"를 검색 상자에 입력하고 [Enter]를 눌러 검색합니다. 분류에서 ❷[이미지]를 클릭하여 ❸윤동주 이미지를 클릭합니다.

07 오른쪽 화면에 크게 나온 이미지를 클릭하지 말고 ❶**마우스 우클릭**해서 ❷**[이미지 복사]**를 선택합니다(**클립보드**란 곳에 복사됩니다).

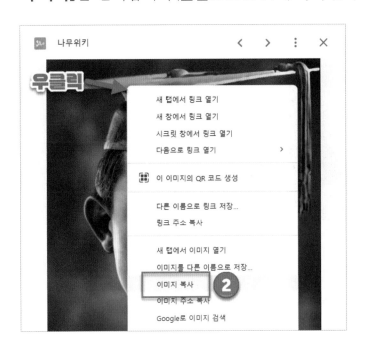

08 작업표시줄의 **[한글]**을 활성화해서, ❶**[서시] 글자 뒤**에 커서를 위치한 후 **[편집]** 메뉴에서 ❷**[붙이기]**를 클릭합니다. ❸**[텍스트 형식으로 붙이기]**를 선택한 후 ❹ **[확인]**을 클릭합니다.

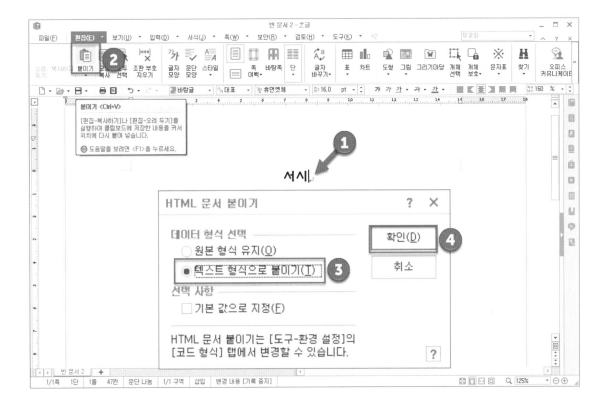

09 이미지가 생각보다 크게 나오는데 원본이 크기 때문에 이미지를 클릭한 후 **조절점을 드래그**해서 크기를 작게 만들어줍니다.

10 이미지를 아래와 같이 드래그해서 이동하면 글자의 줄 사이 간격이 벌어지면서 도망(?)을 갑니다. 본문과 이미지와의 관계설정을 해줘야 하는데 이것을 **본문과의 배치**라고 합니다.

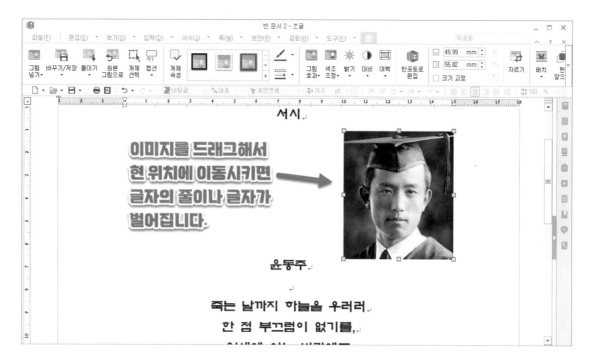

STEP 2 **본문과의 배치**

01 ❶이미지를 선택하고 리본메뉴의 ❷[배치]를 클릭해서 ❸[글 뒤로]를 선택합니다.

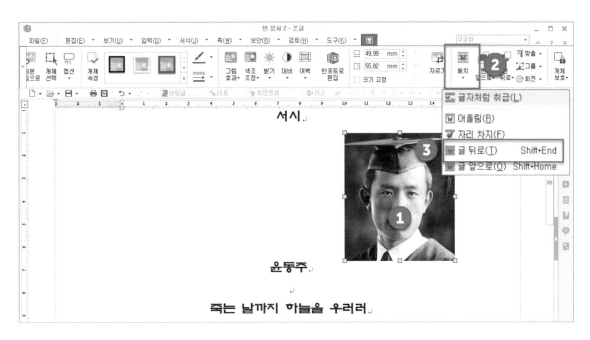

02 이미지가 글 뒤로 배치된 것을 확인할 수 있습니다.

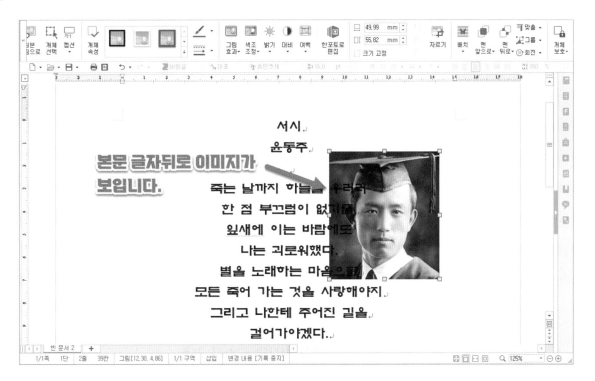

03 아래는 [글 앞으로] 배치된 결과입니다.

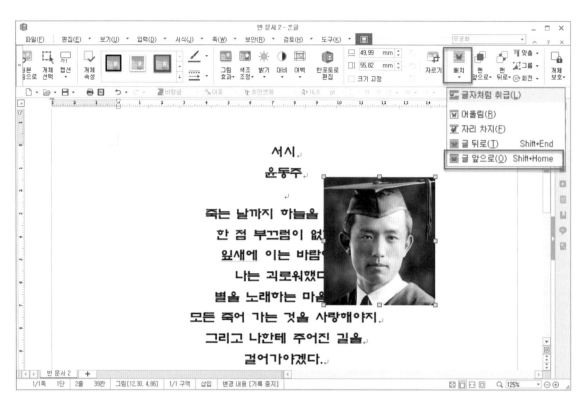

04 다음은 [어울림] 배치된 결과입니다. 결과를 확인한 후 다음 작업을 위하여 다시 [글 뒤로] 배치해 놓습니다.

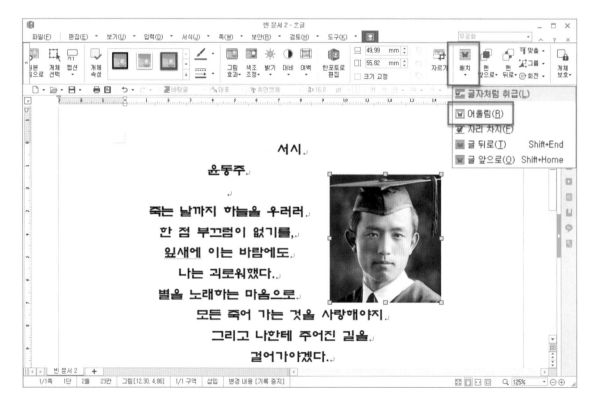

01 이미지를 쪽 윤곽 넘어 여백으로 드래그해서 이동하려면 ❶이미지를 선택한 후 리본메뉴에서 ❷[개체 속성]을 클릭합니다.

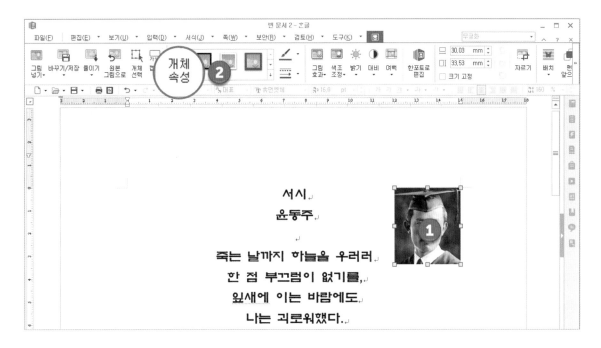

02 [기본] 탭에서 위치 그룹에서 ❶가로는 [종이], 세로도 [종이]로 변경한 후 ❷[설정]을 클릭합니다.

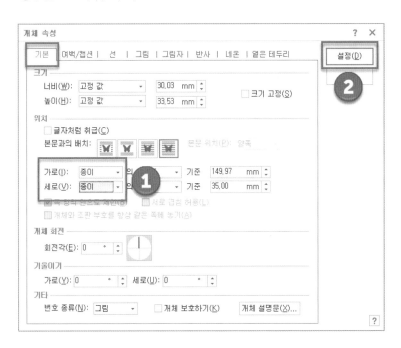

03 이미지를 **여백 바깥쪽으로 이동**시켜 위치해 보세요. 자유자재로 원하는 위치로 배치할 수 있습니다.

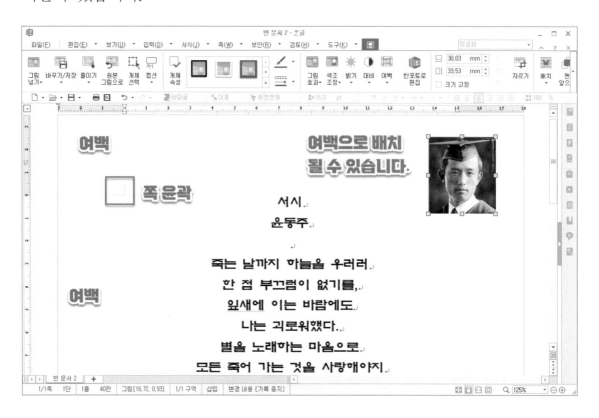

04 아래처럼 가로/세로의 위치를 [왼쪽 "0", 위 "0"]으로 변경하고 어떻게 되는지 직접 확인해 보세요.

01 그림에 액자효과를 주기 위하여 ❶그림을 선택한 후 다양한 효과 종류 중에서 원하는 ❷[효과]를 클릭합니다.

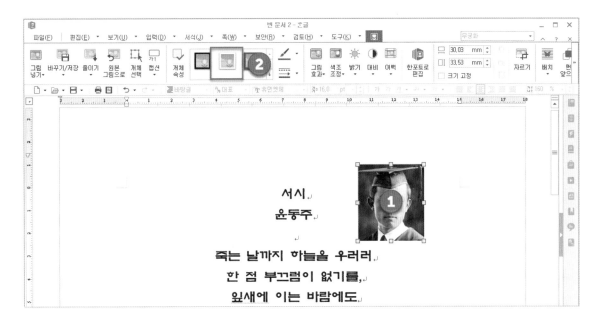

02 [자세히] 버튼을 클릭하면 여러 가지 효과가 나오며, 어떤 효과가 적용되는지 하나씩 눌러 확인해 보세요.

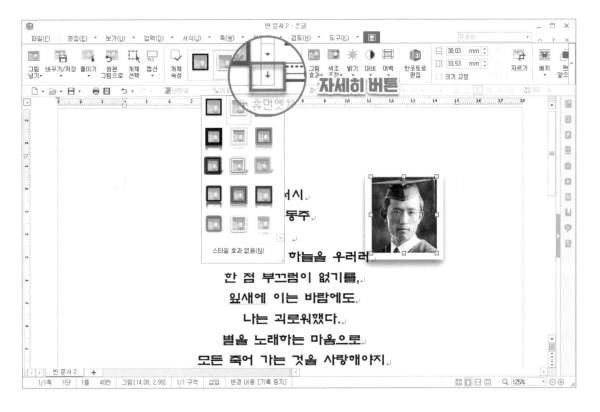

03 효과에서 **❶**2번째를 선택한 후 옆에 있는 **❷**[선 색] 버튼을 클릭해서 액자의 **❸**색
상을 **변경**합니다.

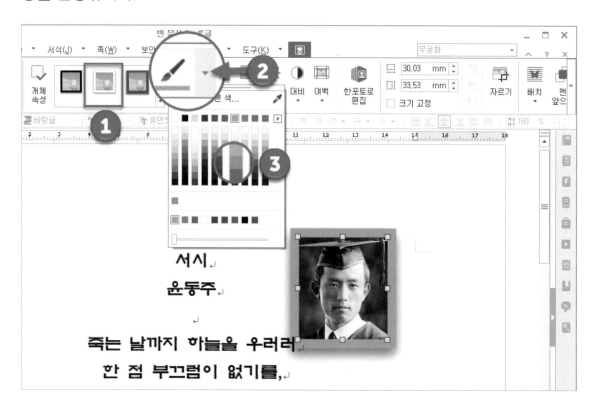

04 **❶**[선 스타일]을 클릭하고 **❷**[선 종류]에서 **❸**[원형 점선]을 선택합니다.

05 그림에 적용한 스타일 효과를 없애려면, ❶[자세히] 버튼을 클릭한 후 ❷[스타일 효과 없음]을 선택합니다.

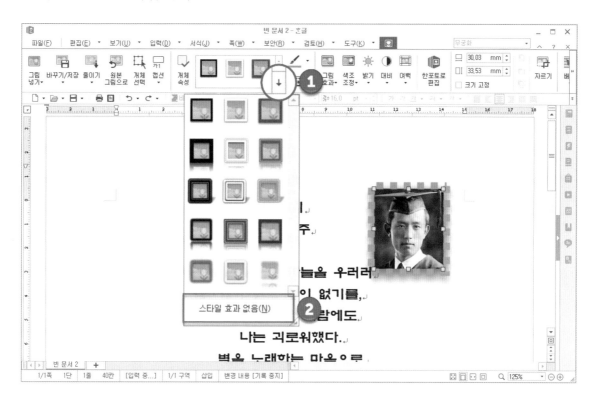

06 ❶[그림 효과]를 클릭한 후 ❷[그림자]에서 ❸[원근감] 종류를 선택합니다.

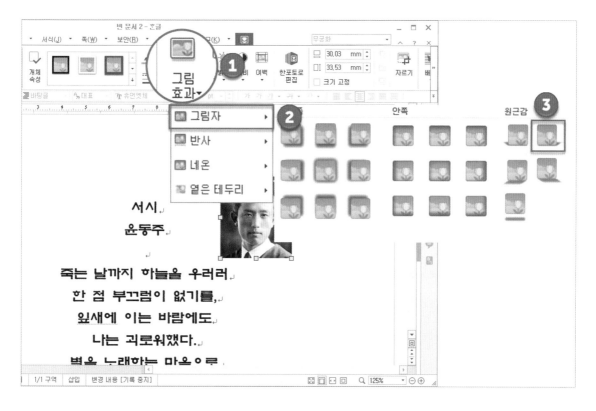

07 ❶[색조 조정]을 클릭한 후 ❷[회색조]를 선택합니다. 그림이 회색(그레이스케일)으로 변경됩니다.

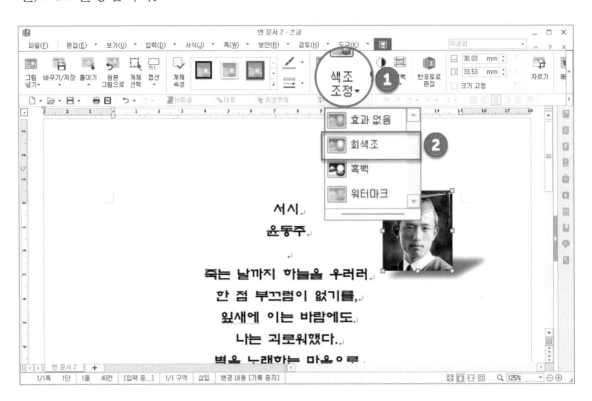

08 [그림 효과] ▶ [그림자] ▶ [그림자 없음]으로 그림자를 제거한 후, ❶[그림 효과]에서 ❷[옅은 테두리]의 ❸[종류]를 선택해 보세요.

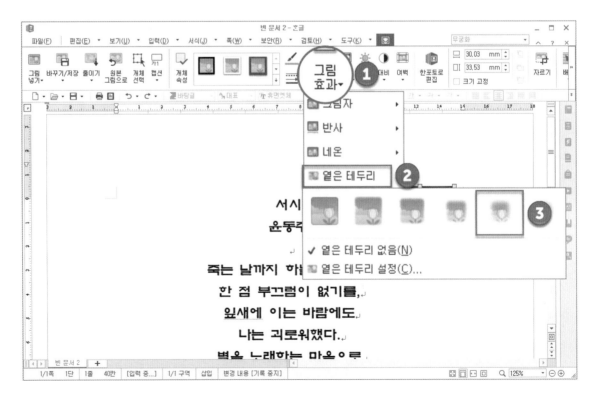

09 효과가 적용된 그림을 다음에 다시 사용하고 싶다면 파일로 **[저장]**을 해두고 사용하는 것이 합리적입니다. [그림]에서 **❶마우스 우클릭**을 한 후 **❷[그림 파일로 저장]**을 누릅니다.

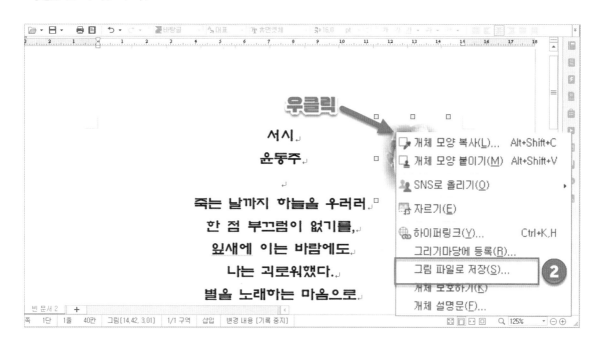

10 저장 위치를 **[라이브러리]**로 선택한 후 **[사진]**을 더블클릭합니다. 저장 위치는 각자 원하는 위치로 지정해도 됩니다. 그리고 사진은 폴더라고 하지 않고 **사진 라이브러리**라고 불러야 합니다.

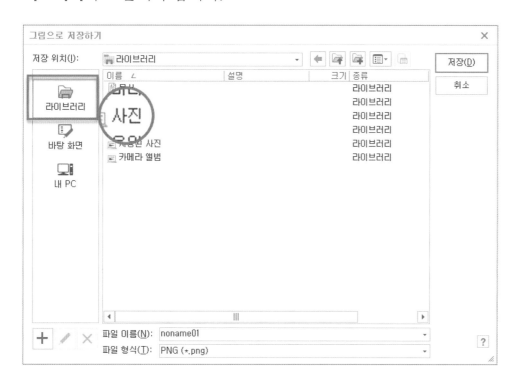

11 파일 이름에 ❶"윤동주"를 입력한 후 ❷[저장]을 클릭합니다.

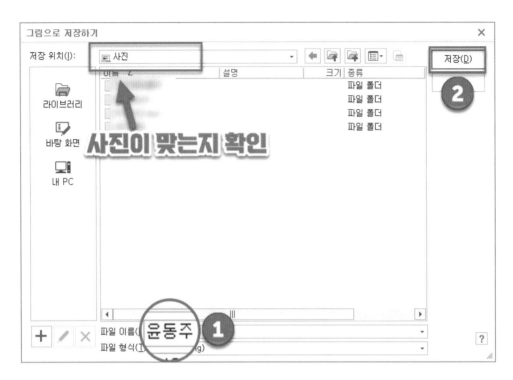

12 ❶[입력] 메뉴에서 ❷[그림]을 클릭하고 ❸[라이브러리]를 눌러서 ❹[사진]으로 이동한 후, ❺[윤동주] 파일을 선택한 다음 ❻[마우스로 크기 지정]이 체크되었는지 확인하고 ❼[넣기]를 클릭합니다.

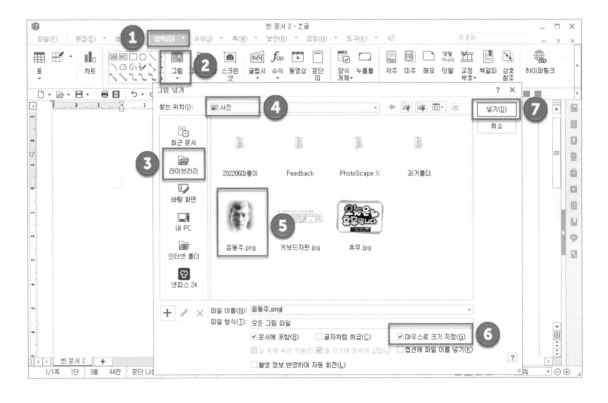

13 ❶마우스를 드래그해서 그림을 넣은 후, ❷[배치]에서 ❸[글 뒤로]를 선택합니다. 참고로 그림을 삽입하면 기본적으로 [어울림] 배치로 지정됩니다.

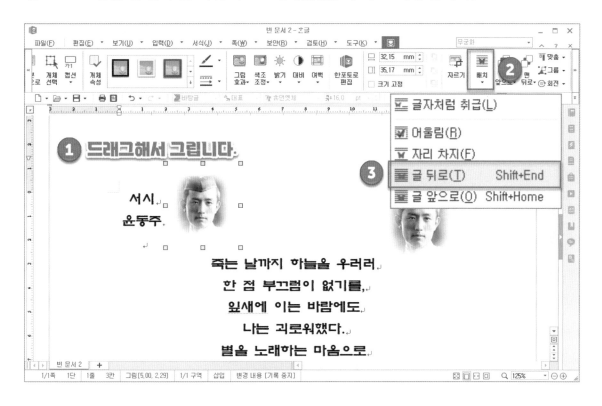

14 아래와 같이 그림이 삽입이 되었습니다. 그림의 배치를 [글 뒤로] 지정했기 때문에, 그림 선택을 해제한 후 다시 선택되지 않습니다.

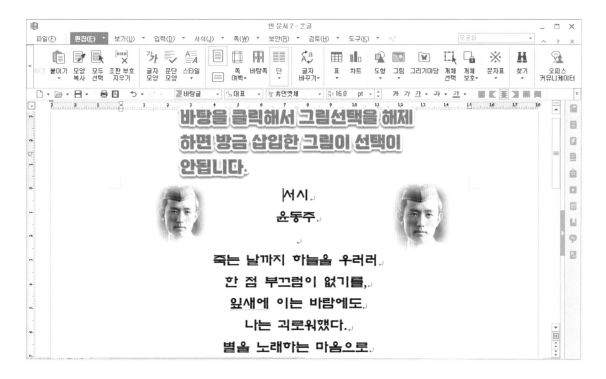

15 배치가 **[글 뒤로]** 상태인 그림을 선택하려면 ❶**[편집]** 메뉴의 리본메뉴에서 ❷**[개체 선택]**을 선택한 다음 ❸**선택할 이미지**를 클릭합니다.

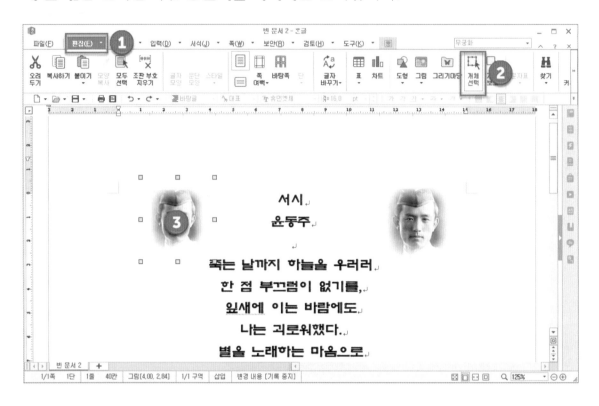

16 여기서는 Delete 를 눌러서 그림을 지웁니다. 완성된 문서를 **[저장]**할 때 저장 위치는 **[바탕 화면]**, 파일 이름은 **"서시-윤동주"**로 입력합니다.

01 웹 브라우저를 실행한 후 **구글 사이트**에서 아래와 같이 세로가 긴 이미지를 찾아서 사용하려고 합니다.

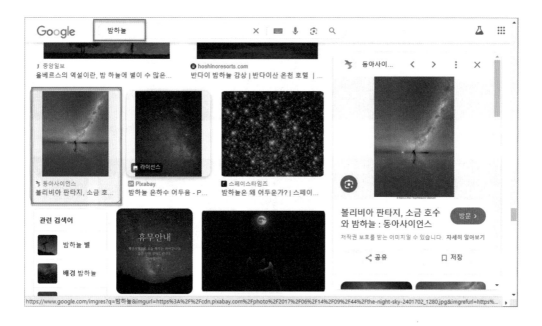

02 검색어에 **"밤하늘"**을 입력하고 **[이미지]**를 클릭합니다. 키보드에서 Ctrl + F 를 눌러서 찾기 상자를 표시합니다.

03 ❶**"볼리비아"**를 입력하면 아래 결과처럼 글자에 색깔을 칠해서 찾아준 것이 보입니다. ❷**찾은 이미지**를 클릭합니다.

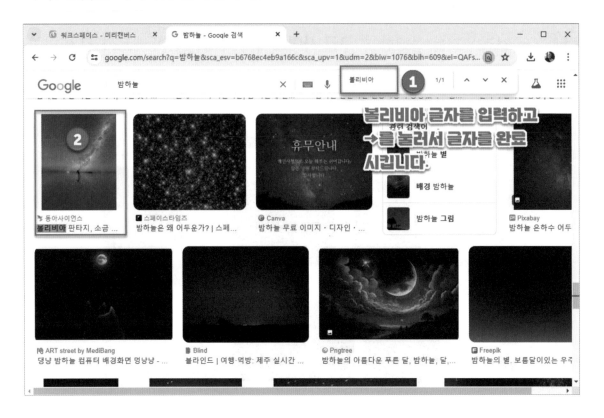

04 오른쪽에 나타난 이미지에 ❶**마우스 우클릭**을 누른 후 ❷**[이미지를 다른 이름으로 저장]**을 클릭합니다.

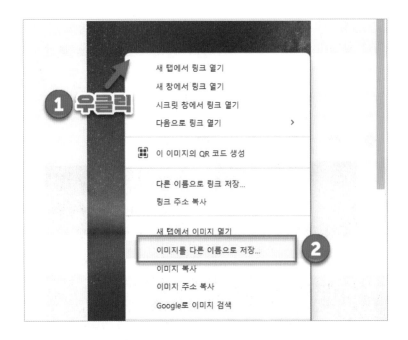

05 저장할 위치는 ❶[사진] 라이브러리로, 파일 이름은 ❷"밤하늘"을 입력한 후 ❸
[저장]을 클릭합니다.

06 작업표시줄에서 작성하던 [서시-윤동주] 파일을 활성화 시킵니다. 만약에 [한글]
창을 닫았으면 [바탕화면]에서 [서시-윤동주] 파일을 더블클릭해서 불러옵니다.
❶[쪽] 메뉴에서 [쪽 테두리/배경]을 선택합니다.

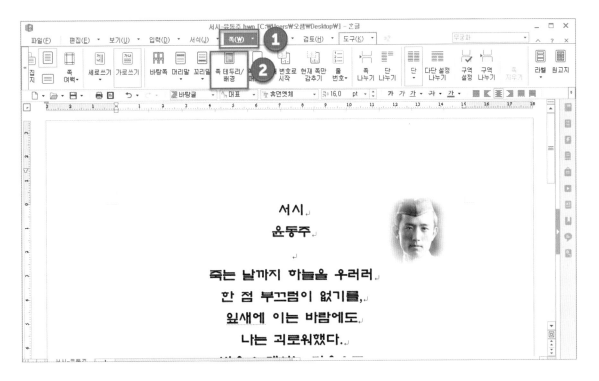

07 ❶[배경] 탭을 클릭하고 ❷[그림]을 체크한 다음 ❸[그림 선택] 버튼을 클릭합니다.

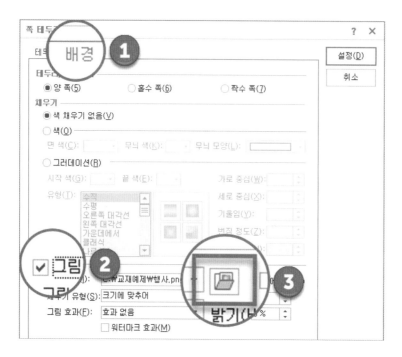

08 그림 넣기 대화상자에서 ❶[라이브러리]를 클릭, ❷[사진]으로 이동한 다음 ❸[밤하늘] 이미지를 선택하고 ❹[문서에 포함]이 체크되어 있는지 확인한 후 ❺[넣기]를 클릭합니다.

09 다시 쪽 테두리/배경 넣기 대화상자로 복귀되면 **[설정]**을 클릭합니다.

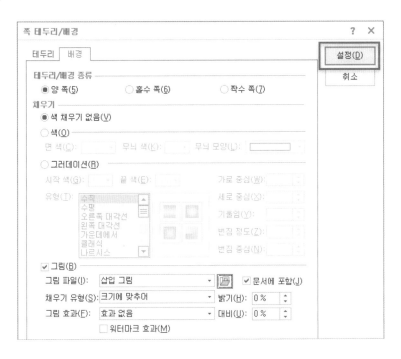

10 선택한 그림이 쪽 전체에 배경 그림으로 지정되었습니다.

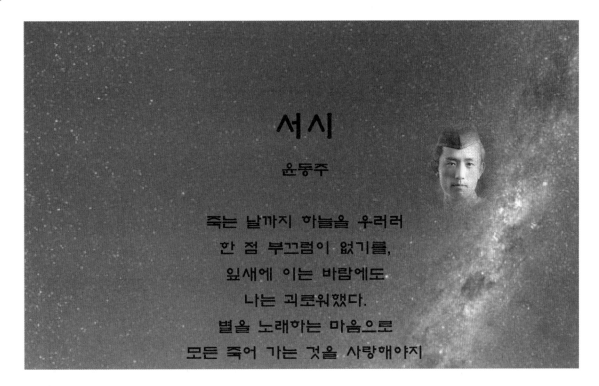

혼자서 연습하기

1 **"윤동주 문학관"** 사이트에서 아래의 내용과 이미지를 복사한 다음 문서를 꾸며 보세요(여백 : 상하좌우 20mm, 글꼴 크기 : 제목 23pt, 본문 17pt).

윤동주 문학관

"종로, 청운 수도 가압장, 그리고 시인 윤동주"

시인 윤동주는 연희전문학교 문과 재학시절, 종로구 누상동에 있는 소설가 김송(金松, 1909~1988)의 집에서 문우(文友) 정병욱과 함께 하숙생활을 하면서 종종 인왕산에 올라 자연 속에서 시정(詩情)을 다듬었다고 전해집니다.

지금도 사랑받고 있는 <별 헤는 밤>, <서시>, <또 다른 고향> 등 시인의 대표작들이 바로 이 시기에 탄생했습니다.

시인은 떠났지만, 그의 발자취와 세상을 향한 시선을 기억하고자 2012년 문을 연 윤동주문학관은 인왕산 자락에 버려져 있던 청운수도가압장과 물탱크가 의미 있게 변모한 곳이기도 합니다.

다양한 개체 사용하기

바탕쪽에 배경그림을 넣고 그리기마당을 이용한 개체를 삽입한 후, 복사와 개체 회전, 그림자 효과, 그리기 개체의 그룹해제 및 개체 점편집과 도형 및 글맵시 등을 다루게 됩니다.

🔍 **결과화면 미리보기**

무엇을 배울까?

❶ 바탕쪽에 그림 넣기
❷ 그리기마당에서 판다 이미지 넣기
❸ 개체 복사와 좌우 뒤집기
❹ 개체 풀기와 그림자 넣기
❺ 글맵시로 꾸미기

01 새 문서를 열고 [쪽] 메뉴에서 [편집 용지]를 눌러서 **용지 방향(가로), 상하좌우 (5mm), 머리말/꼬리말(0mm)**로 설정합니다.

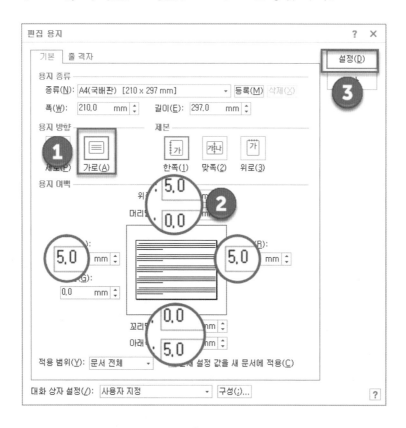

02 ❶[쪽] 메뉴에서 ❷[바탕쪽]을 클릭합니다.

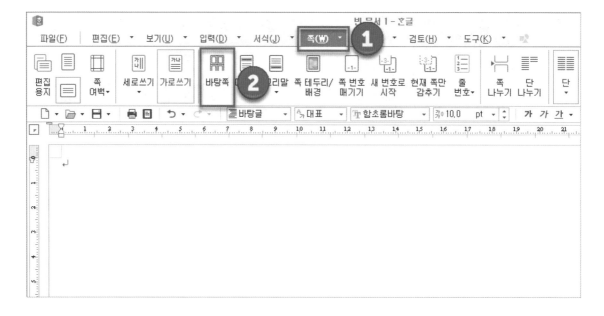

03 **바탕쪽**은 홀수 쪽과 짝수 쪽에 배경그림을 따로 지정할 수 있습니다. 여기서는 1페이지만 작성하므로 그냥 **[만들기]**를 클릭합니다.

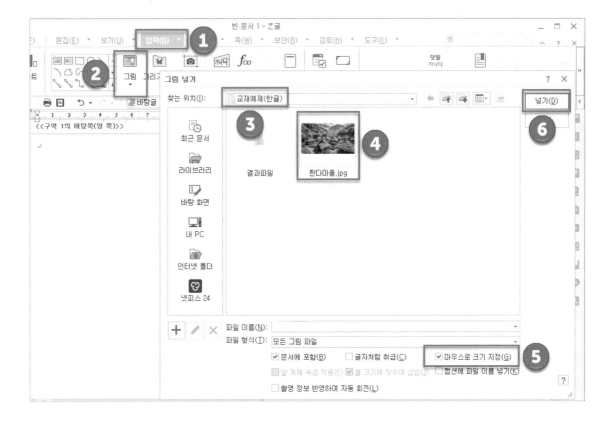

04 ❶[입력] 메뉴에서 ❷[그림]을 클릭하고 찾는 위치 ❸[교재예제(한글)]에서 ❹[판다마을]을 선택한 후 ❺[마우스로 크기 지정]이 선택되었는지 확인한 다음 ❻[넣기]를 클릭합니다. 교재예제는 아이콕스 홈페이지에서 다운로드한 다음 **로컬 디스크(C:)▶교재예제(한글)**에 압축을 풀어서 사용합니다).

05 종이 모서리에 맞춰서 **5시 방향으로 드래그**해서 그림을 넣어줍니다. 화면에 종이
가 전부 보이도록 축소한 후 크기를 조절하세요.

06 ❶[바탕쪽] 메뉴에서 ❷[닫기]를 클릭해서 편집 화면으로 돌아갑니다.

01 ❶[입력] 메뉴에서 ❷[그리기마당]을 클릭합니다.

02 찾을 파일에 **"판다"**를 입력하고 Enter 를 누릅니다.

03 문서에 넣을 ❶[판다 이미지]를 선택한 후 ❷[넣기] 버튼을 클릭합니다.

04 아래와 같이 넣으려는 자리에 **마우스를 드래그**해서 그려줍니다.

05 리본메뉴의 끝에 있는 ❶[회전]을 클릭한 후 ❷[개체 회전]을 선택합니다.

06 개체 모서리 **초록 원**에 마우스를 올린 후 **드래그해서** 회전합니다. Esc를 눌러서 **개체 선택을 해제**합니다.

01 첫 번째 그려진 **판다**를 ❶Ctrl키를 누른 상태에서 드래그하면 복사됩니다. ❷[회전]에서 ❸[좌우 대칭]을 선택합니다.

02 아래처럼 하나 더 복사한 후 조절점을 드래그하여 크기를 작게 만들어 줍니다.

01 ❶[입력] 메뉴 ▶ ❷[그리기마당] ▶ ❸[판다] 선택 ▶ ❹[넣기]를 차례대로 클릭
합니다.

02 ❶드래그해서 그린 후 ❷판다에 마우스 우클릭해서 ❸[개체 풀기]를 선택합니다.

03 처음 **개체 풀기**를 하면 개체를 구성하는 레이어가 분리되어 여러 개의 개체로 나누어집니다. 다시 마우스 우클릭을 해서 **[개체 풀기]**를 클릭합니다.

04 아래와 같이 개체들이 묶여 있는 것이 풀어집니다. 이제 핑크색 그림자를 지우기 위해 Esc를 눌러서 **개체 선택을 해제**합니다.

05 핑크색 그림자를 선택한 후 Delete 를 눌러서 삭제합니다.

06 개체가 풀린 ❶판다를 클릭한 후 ❷[개체 선택]을 클릭합니다. 다시 하나의 개체로 묶을 것입니다.

07 개체 묶기할 판다 영역을 크게 드래그해서 **❶[범위 지정]**한 후, **마우스 우클릭**을 해서 **❷[개체 묶기]**를 선택합니다.

08 개체 묶기한 판다를 아래처럼 [Ctrl]을 누른 상태에서 드래그하여 **복사**를 하고, **크기 조정**과 **좌우 대칭**을 해 줍니다.

09 그림자를 적용할 **❶판다를 선택 ▶ ❷[그림자 모양] ▶ ❸[방향]**을 선택합니다. 다른 판다에도 그림자를 적용합니다. [그림자 색]에서 그림자의 색상을 고를 수도 있습니다.

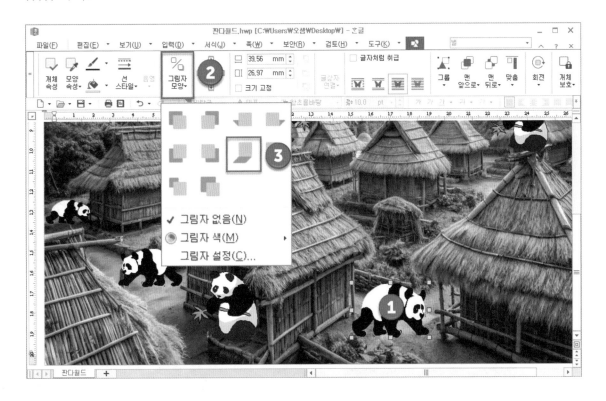

10 나머지 판다도 아래처럼 추가로 그린 후 **"판다월드"**라는 이름으로 **문서를 저장**합니다.

01 ❶[입력] 메뉴를 클릭한 후 ❷[글맵시] 드롭다운 버튼을 클릭해서 ❸[유형]을 차례대로 선택합니다.

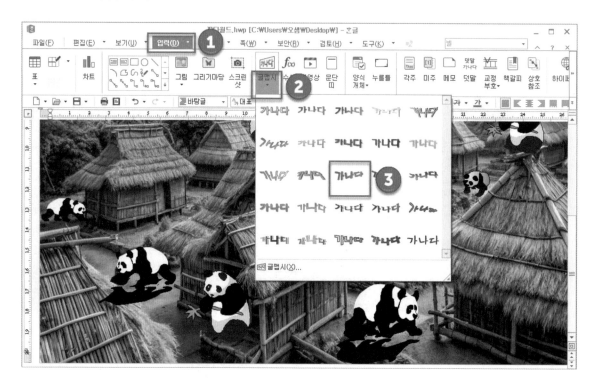

02 내용에 **"푸바오집"**을 입력하고 [설정] 버튼을 클릭합니다. [글맵시 모양]을 누르면 다양한 변형 효과로 변경할 수도 있습니다.

03 글맵시를 추가하면 편집하는 좌측 상단에 어울림 상태로 나타나게 됩니다. **마우스를 드래그**하면 위치를 이동할 수 있는데, 좀더 자세한 설정을 위해 **[개체 속성]**을 누릅니다.

04 [기본] 탭을 클릭한 다음 [본문과의 배치]는 ❶[글 앞으로], 가로/세로 위치는 ❷[종이]로 변경한 후 ❸[설정]합니다.

05 ❶[푸바오집]이 선택된 상태에서 ❷[글맵시 모양]을 눌러 ❸변경할 [모양]을 선택합니다.

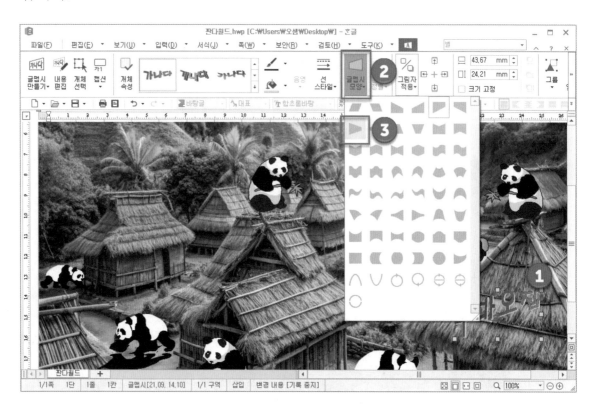

06 Ctrl을 누른 상태로 드래그해서 **복사**를 합니다.

07 ❶복사된 글맵시를 선택한 상태에서 ❷[채우기] 드롭다운을 클릭하여 ❸[노랑색]을 선택합니다.

08 ❶번 글맵시는 [회전]을 시켜준 후, 복사된 ❷번 글맵시는 [회전] 후 ❸[내용 편집]을 클릭합니다.

09 "아이바오집"으로 변경한 후 [설정] 버튼을 클릭합니다. [글맵시 모양]을 여기에서 변경할 수도 있습니다. 교재에 적용된 글맵시 모양 이외에 다양한 방향으로 적용해 보세요.

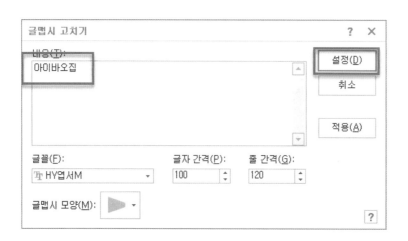

10 Ctrl+드래그로 글맵시를 [복사]해서 ❶위치에 놓은 후, [채우기] 색을 [보라색]으로 변경합니다. 리본메뉴에서 [내용 편집]을 눌러서 "푸이바오집"이라고 변경합니다.

혼자서 연습하기

1. 아래 그림과 같이 도형을 삽입하고 편집 작업과 현수막(배너) 위에 글맵시로 작업해 보세요(본문에서 작성한 **판다월드**를 불러와 편집하세요).

- **도형** : 가로 글상자, 둥근 모양 모서리, 채우기는 노랑, 테두리 선 종류는 점선, 그림자 색은 검정
- **현수막** : 그리기마당에서 "현수막" 검색, 다각형 편집(개체 풀기를 해야 사용할 수 있음)
- **말풍선** : 그리기마당에서 "말풍선" 검색
- **글맵시** : 글자체는 어울리는 것으로 선택

수강신청서 만들기

표 만들기를 이용하여 컴퓨터 강의 수강신청서 문서를 작성합니다. 표를 만들고 편집하는 기본적인 방법을 배우며, 글머리표를 이용해 특정 항목을 선택하는 내용을 꾸며보겠습니다.

결과화면 미리보기

컴퓨터 강의 수강신청서

성명		생년월일	
성별		E-mail	
휴대폰		직장	
주소			
신청과정	☐ 컴퓨터기초 ☐ 컴퓨터활용 ☐ 사진편집 ☐ 인터넷기초 ☐ 인터넷활용 ☐ 동영상편집 ☐ 스마트폰 기초 ☐ 스마트폰앱활용 ☐ 카카오톡 ☐ 디지털생활기초 ☐ 키오스크 ☐ 인스타그램		
수강이유		신청경로	
위와 같이 수강신청합니다. 2024. . . 이름 : ㊞			

무엇을 배울까?

❶ 표 만들고 편집하기
❷ 글머리표 기능 활용하기
❸ 인쇄 미리 보기

01 "컴퓨터 강의 수강신청서"를 입력하고 ❶블록 지정 한 후, 글꼴은 ❷HY견고딕, 크기는 24, 진하게, 문단 정렬은 ❸[가운데 정렬]로 지정합니다.

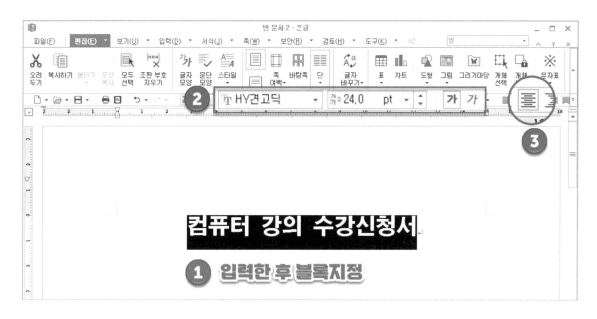

02 블록 해제 후 Enter 를 눌러서 다음 줄로 이동하면 이전과 동일한 서식이 적용됩니다. 적용된 서식을 해제하기 위해 스타일에서 **[바탕글]**을 클릭합니다(단축키는 Ctrl + 1 입니다).

03 [바탕글] 스타일 모양으로 덮어쓸 것인지 묻는 대화상자가 나오면 **[덮어씀]**을 누릅니다(단축키 Ctrl+1로 적용했다면 대화상자가 나오지 않고 바로 적용됨).

04 ❶[입력] 메뉴에서 ❷[표]를 누른 후 ❸줄 수 "7", 칸 수 "4"를 입력한 다음 ❹[글자처럼 취급]을 체크한 후 ❺[만들기]를 클릭합니다.

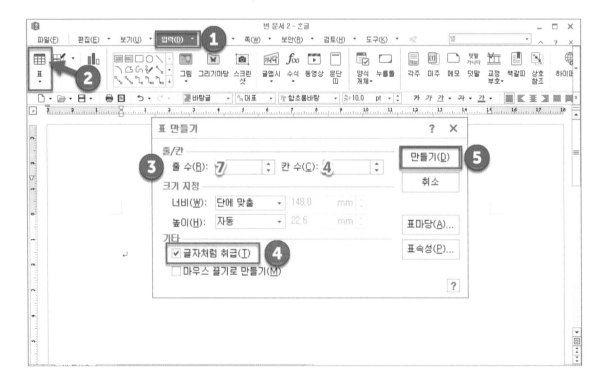

05 각 셀 안에 해당하는 내용을 입력하면 됩니다. 셀에 글자 입력이 끝나면 **방향키(**
←, ↑, ↓, →**)**를 이용하여 셀을 이동합니다.

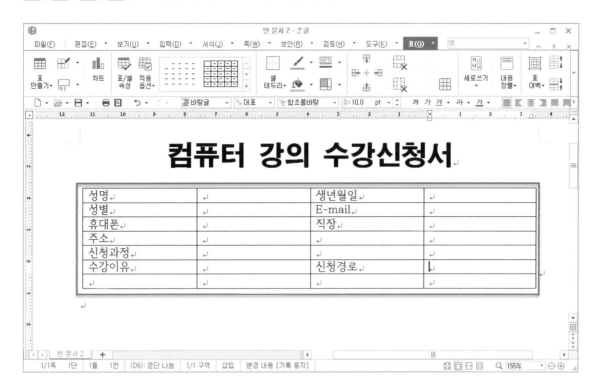

06 ❶F5를 세 번 눌러 모든 셀을 범위로 지정한 후, ❷[돋움, 12pt]와 ❸[가운데 정
렬]을 적용합니다.

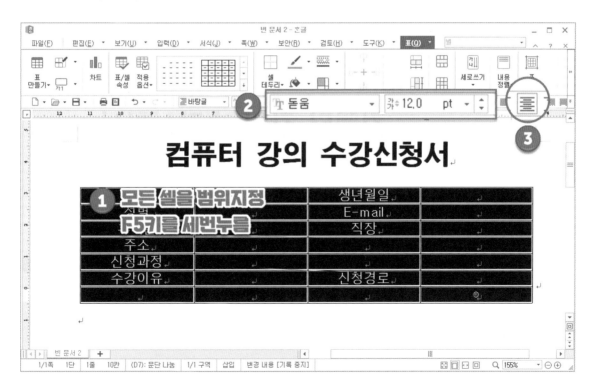

07 주소 입력칸 **3개의 셀**을 **❶범위로 지정**한 후 **❷[셀 합치기]** 버튼을 클릭합니다(마우스 우클릭 후 [셀 합치기]를 사용해도 됩니다. 단축키 M)

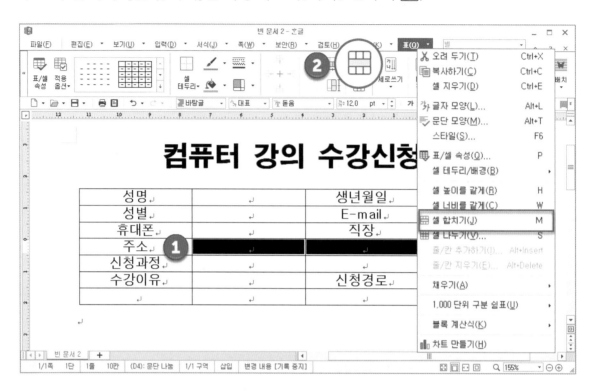

08 마지막 줄 **4개의 셀**을 **❶범위로 지정**한 후 **❷[셀 합치기]**를 클릭합니다.

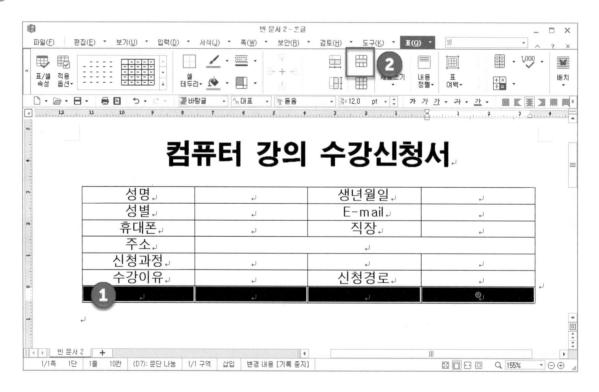

01 표 안에서 F5를 **세 번** 눌러 셀 범위를 지정한 후, Ctrl+↓를 **6번** 눌러서 셀 높이를 크게 만들어줍니다.

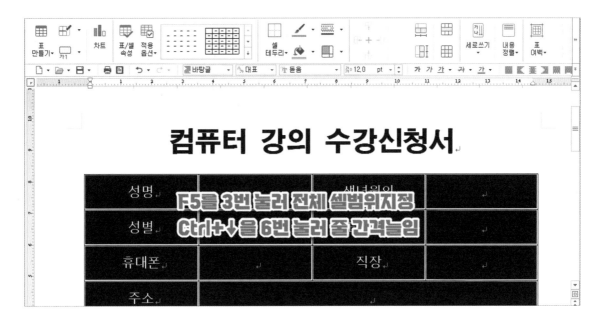

02 신청과정 칸에 아래처럼 모든 과정명을 입력합니다. 각 칸에서 마지막 줄의 과정명 입력 후 Enter 를 누르지 않도록 주의합니다.

03 입력한 과정명 셀을 **블록 지정** 후 문단 정렬을 **[양쪽 정렬]**합니다.

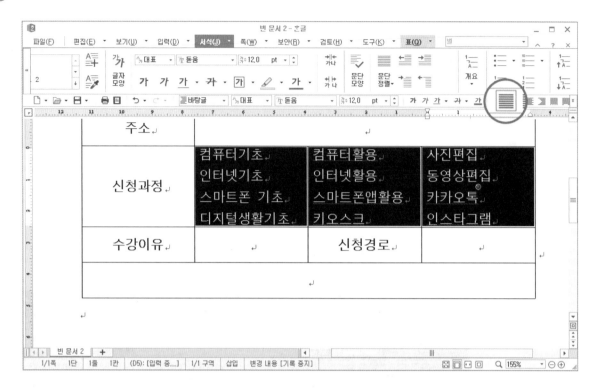

04 ❶**[서식]** 메뉴의 리본메뉴에서 ❷**[글머리표]** 드롭다운 버튼을 클릭하고, ❸**옵션 모양의 기호**를 선택합니다.

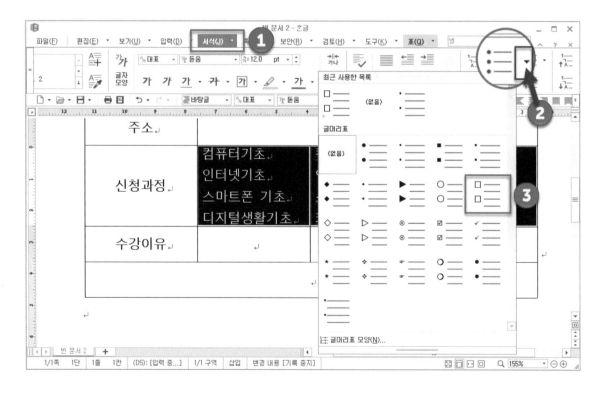

05 아래와 같이 셀에 글자가 넘치게 되면, 셀 범위가 지정된 상태에서 Ctrl+→를 눌러서 글자가 셀 안에 들어오도록 셀의 너비를 늘려줍니다.

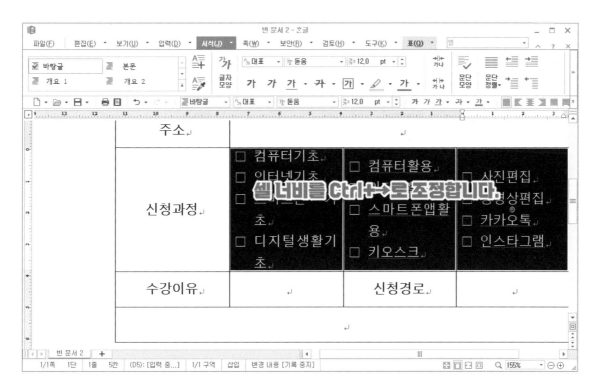

06 ❶마우스 우클릭한 후, ❷[셀 테두리/배경] ▶ ❸[각 셀마다 적용]을 차례대로 클릭합니다(단축키 L).

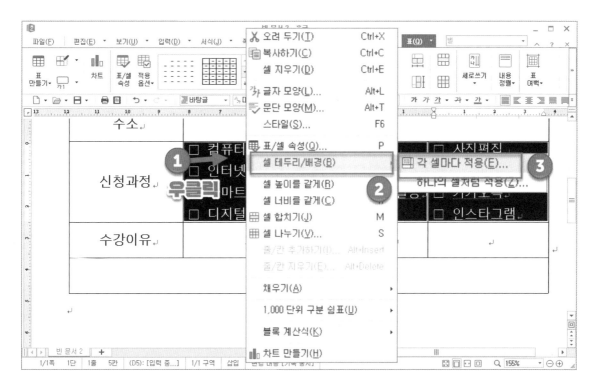

07 셀 테두리/배경 대화상자에서 ❶[선 없음]을 클릭한 후 ❷[안쪽 세로]를 선택한 다음 ❸[설정]을 누릅니다.

08 마지막 줄에 해당 내용을 입력합니다. 날인하는 ㉑은 [문자표] ▶ [사전용 약물] 에 있습니다. 마지막 줄의 [오른쪽 정렬]까지 마무리 해줍니다.

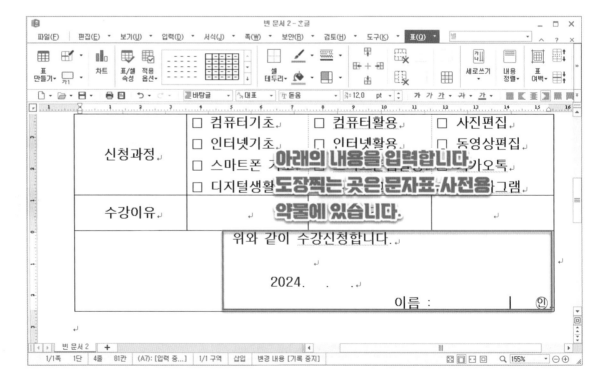

09 신청과정의 줄 높이를 늘여주기 위해 셀 범위를 지정한 후 Ctrl+↓를 5회 눌러서 늘여줍니다. 마찬가지로 마지막 줄도 5회 늘여줍니다.

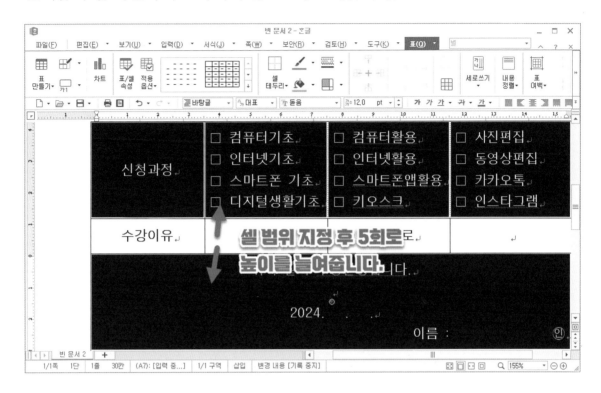

10 문서의 처음부터 마지막까지 블록 지정한 후 Ctrl+C로 **[복사]**한 후, 문서의 마지막에 Ctrl+V로 **[붙여넣기]**를 합니다.

01 용지의 여백을 변경하지 않아 2장이 되었습니다. F7을 눌러서 여백의 **[위쪽/아래쪽]**은 "10", **[머리말/꼬리말]**은 "0"으로 지정합니다.

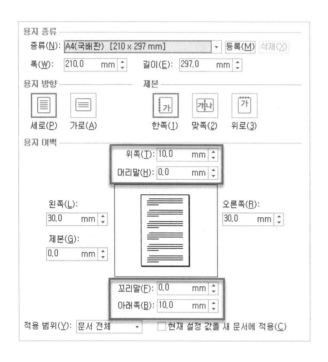

02 ❶[파일] 메뉴 ▶ ❷[미리 보기]를 차례대로 클릭합니다.

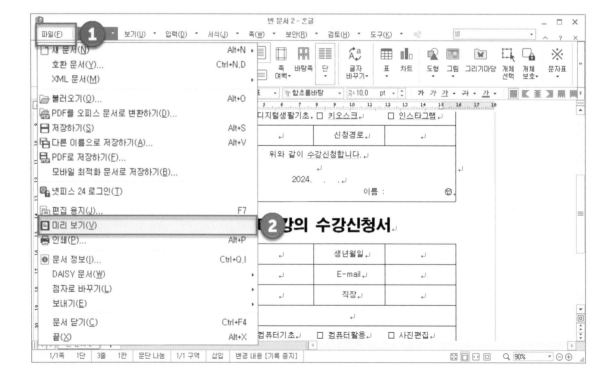

03 미리 보기로 본 결과입니다. 1장이 넘어가면 F7로 편집 용지의 여백을 조정하세요. 인쇄하기 전에 미리 보기는 필수입니다.

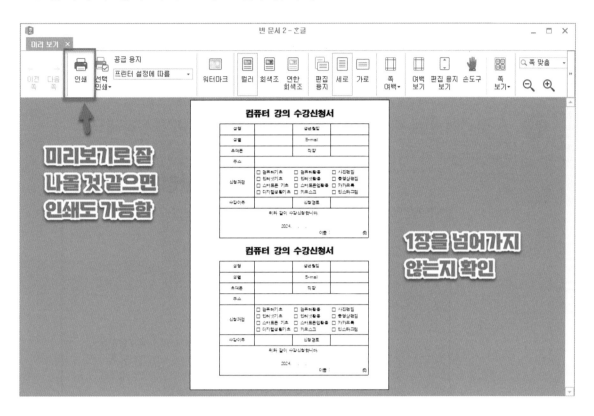

04 [닫기] 또는 Esc를 눌러서 편집 창으로 되돌아갑니다.

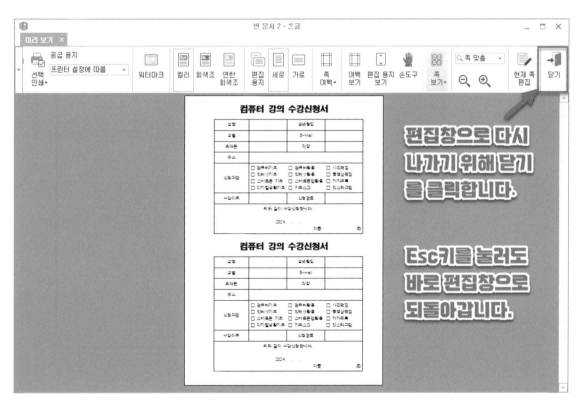

혼자서 연습하기

1 표 작업에서 셀 테두리/배경을 적용해 아래와 같이 완성하세요.

✎컴퓨터 강의 수강신청서

성명		생년월일	
성별		E-mail	
휴대폰		직장	
주소			
신청과정	☐ 컴퓨터기초 ☐ 컴퓨터활용 ☐ 사진편집 ☐ 인터넷기초 ☐ 인터넷활용 ☐ 동영상편집 ☐ 스마트폰 기초 ☐ 스마트폰앱활용 ☐ 카카오톡 ☐ 디지털생활기초 ☐ 키오스크 ☐ 인스타그램		
수강이유		신청경로	

위와 같이 수강신청합니다.

2024. . .

이름 :   ㉑

✎컴퓨터 강의 수강신청서

성명		생년월일	
성별		E-mail	
휴대폰		직장	
주소			
신청과정	☐ 컴퓨터기초 ☐ 컴퓨터활용 ☐ 사진편집 ☐ 인터넷기초 ☐ 인터넷활용 ☐ 동영상편집 ☐ 스마트폰 기초 ☐ 스마트폰앱활용 ☐ 카카오톡 ☐ 디지털생활기초 ☐ 키오스크 ☐ 인스타그램		
수강이유		신청경로	

위와 같이 수강신청합니다.

2024. . .

이름 :   ㉑

CHAPTER 07

문서마당 활용하기

한글에서는 많이 사용하는 다양한 문서 서식을 만들어 꾸러미로 제공합니다.
생활 문서, 업무 문서, 학교 문서 등 다양한 카테고리로 분류하여 많은 서식을
제공하므로, 약간의 편집만 거치면 빠르게 필요한 문서를 완성할 수 있습니다.

결과화면 미리보기

<table>
<tr><td rowspan="5"></td><td colspan="5" style="text-align:center">이　력　서</td></tr>
<tr><td>성　　명</td><td>홍길동</td><td>(도장)</td><td colspan="2">주 민 등 록 번 호
580803-1234567</td></tr>
<tr><td>생년월일</td><td colspan="4">1958 년 8 월 3 일생 (만 66 세)</td></tr>
</table>

성　　명	홍길동	(도장)	주 민 등 록 번 호 580803-1234567
생년월일	1958 년 8 월 3 일생 (만 66 세)		

주　　　소	경기도 부천시 조마루로 385번길 401호		
연　락　처	집 032-1234-5678	전 자 우 편	sample@naver.com
	핸드폰 010-1234-5678		
호 적 관 계	호주와의 관계	본인	호 주 성 명 홍길동

년	월	일	학　력　및　경　력　사　항	발 령 청
1978	2	2	보성고등학교 졸업	
1978	3	4	고려대학교 전자계산학과 입학	
1979	6	14	전자계산학과 기사1급 취득	산업인력공단
1982	3	6	㈜삼성전자 반도체 입사	
1990	8	12	㈜삼성전자 반도체 퇴사	

무엇을 배울까?

❶ 문서마당에서 서식 불러오기
❷ 사진 개체 넣기
❸ 셀 배경으로 사진 넣기
❹ 도장(싸인) 넣기
❺ 반복되는 내용 채우기
❻ 이미지 자르기

01 ❶[파일]을 클릭하고, [새 문서]의 ❷확장버튼을 클릭해서 ❸[문서마당]을 선택합니다(단축키 : Ctrl + Alt + N).

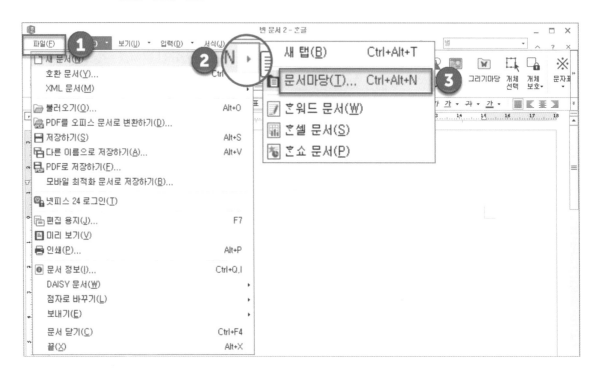

02 문서마당 대화상자가 열리면 ❶[서식 파일 찾기] 탭을 클릭하고 찾을 서식 파일 칸에 ❷"이력서"를 입력한 후 Enter 를 누릅니다.

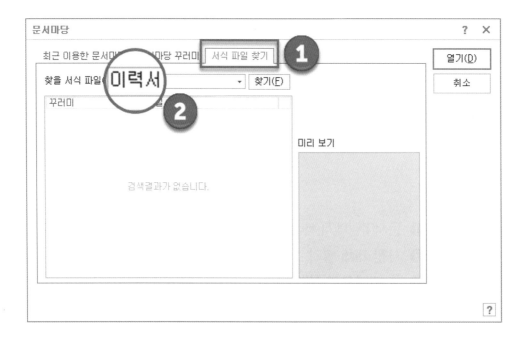

03 여러 이력서가 검색되었지만 [업무 문서] 꾸러미의 ❶[이력서(한글)]을 선택한 후 ❷[열기]를 클릭합니다.

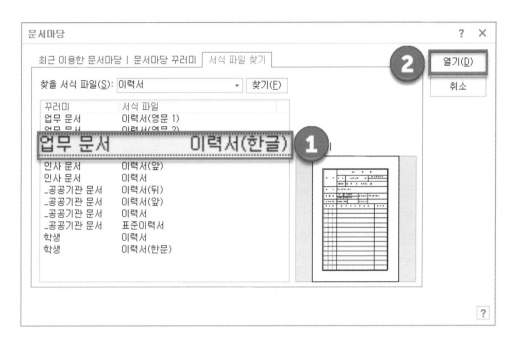

04 [저장]을 클릭해서 저장위치는 [바탕화면]에 "이력서"로 저장합니다.

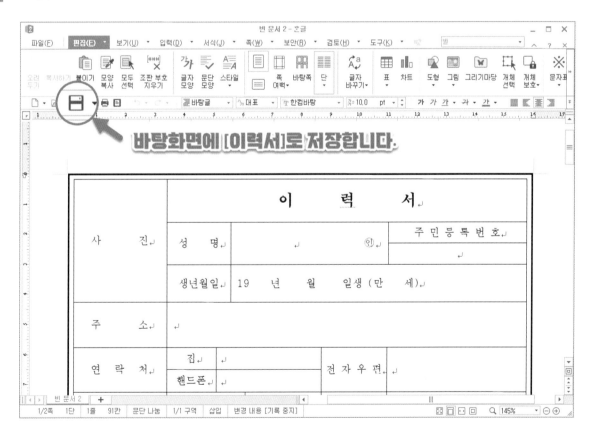

01 아래와 같이 각 셀에 해당 내용을 **임의로 입력**합니다.

		이 력 서↵		
사 진↵	성 명↵	홍길동↵	㉔	주 민 등 록 번 호↵ 580803-1234567↵
	생년월일↵	1958 년 8 월 3 일생 (만 66 세)↵		
주 소↵	경기도 부천시 조마루로 385번길 401호↵			
연 락 처↵	집↵	032-1234-5678↵	전 자 우 편↵	sample@naver.com↵
	핸드폰↵	010-1234-5678↵		
호 적 관 계↵	호주와의 관계↵	본인↵	호 주 성 명↵	홍길동↵
년 월 일↵	학 력 및 경 력 사 항↵			발 령 청↵

02 사진을 넣기 위해 ❶[사진] 글자를 지워줍니다. ❷[입력] 메뉴를 클릭해서 ❸[그림]을 선택합니다.

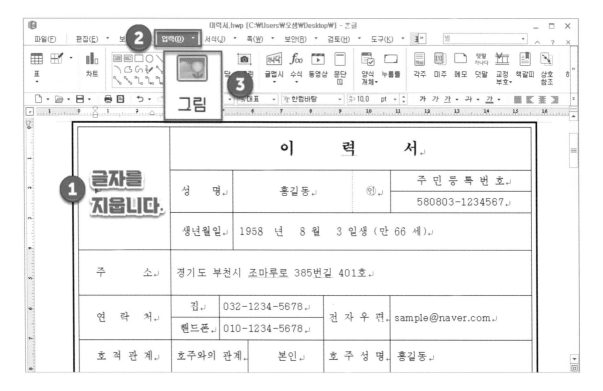

03 그림 위치 ❶[교재예제(한글)] 폴더에서 ❷[탐크루즈]를 선택하고, ❸[마우스로 크기 지정]이 체크된 것을 확인하고 ❹[넣기]를 클릭합니다.

04 사진이 들어갈 위치에 **드래그**를 해서 크기를 정합니다. 하지만 마우스에서 손가락을 떼면, 본문과의 배치가 [어울림]으로 되어 있어 표 바깥쪽에 삽입됩니다.

05 사진이 선택된 상태에서 ❶[배치] ▶ ❷[글 앞으로]를 클릭합니다.

06 아래와 같이 셀 위에 그림이 위치하지만 표와 따로 움직입니다. 셀 크기가 변경
되거나 위치가 변경되면 그때마다 사진도 바꾸어야만 합니다.

01 배치된 사진을 삭제한 후, 셀에 ❶**마우스 우클릭**을 눌러서 ❷**[셀 테두리/배경]** ▶ ❸**[각 셀마다 적용]**을 클릭합니다.

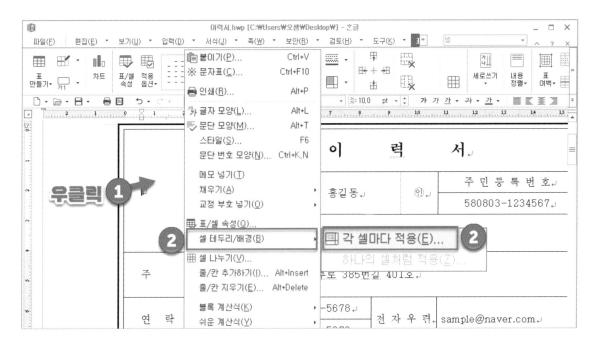

02 ❶**[배경]** 탭을 선택한 후 ❷**[그림]**을 체크하고 ❸**[찾아보기]** 버튼을 클릭합니다.

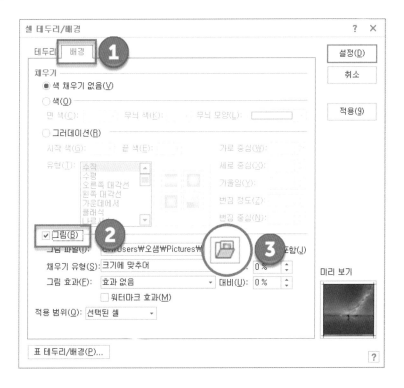

03 찾는 위치 ❶[교재예제(한글)] 폴더에서 ❷[탐크루즈]를 선택하고 ❸[문서에 포함]이 체크되어 있는지 확인한 후 ❹[넣기]를 클릭합니다.

04 다시 **셀 테두리/배경** 대화상자가 나오면 **[설정]**을 클릭합니다.

01 도장이 들어갈 셀에 커서가 있도록 클릭한 후, ❶[입력] ▶ ❷[그림]을 클릭합니다(단축키 Ctrl + N , I).

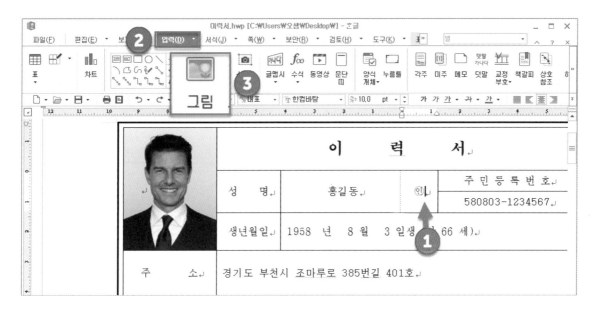

02 [직인] 그림을 선택한 후 [넣기]를 클릭한 다음 마우스를 드래그해 도장을 그려 넣습니다.

03 사진을 삽입할 때와 마찬가지로 표 위에 들어가지 않습니다. **[배치] ▶ [글 앞으로]**를 차례대로 선택합니다.

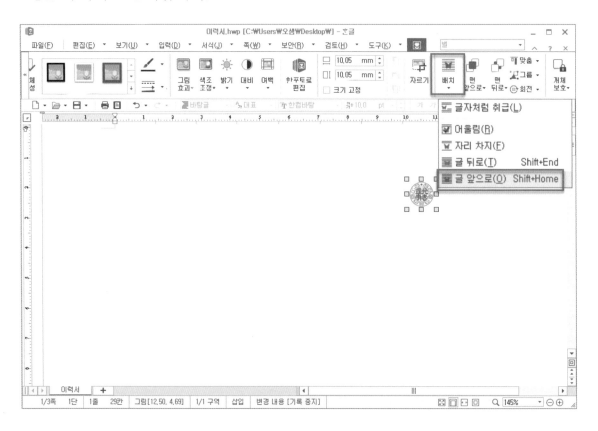

04 도장의 크기를 적당히 조절한 후 `Esc`를 눌러서 마무리합니다.

STEP **5** ▷ **반복되는 내용 채우기**

01 ❶[파일]을 클릭하고, [새 문서]의 ❷확장버튼을 클릭해서 ❸[문서마당]을 선택합니다(단축키 : Ctrl + Alt + N).

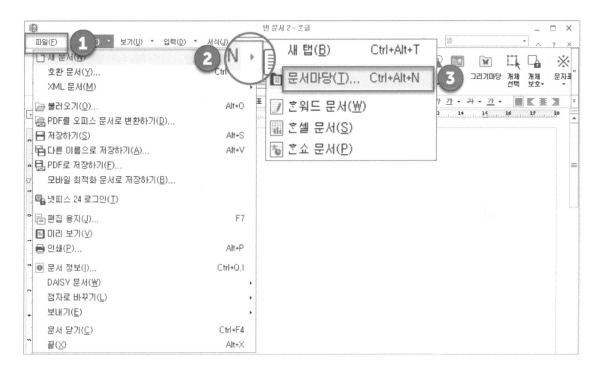

02 ❶[문서마당 꾸러미] 탭을 클릭, 분류에서 ❷[구매 문서]를 클릭한 후 ❸[거래명세표]를 선택한 다음 ❹[열기]를 누릅니다.

03 단가 셀 아래에 단위를 **"원"**을 입력한 후, F5를 **2번 누른 후** ↓를 **눌러서** 아래와 같이 셀 범위를 지정합니다.

수 주 문 서		품 명	수 량	단 가	금 액	원 가	
일 자	번 호					단 가	금 액

"원"을 입력한 후 F5를 2번 눌러서 아래방향키로 셀범위 지정

04 셀 범위 지정된 곳에 ❶**마우스 우클릭**을 한 후, ❷**[채우기]** ▶ ❸**[표 자동 채우기]** 를 클릭합니다. 이렇게 같은 내용을 반복할 때는 복사/붙이기 보다는 채우기 기능이 빠르게 작업 가능합니다(단축키 : A).

				오려 두기(T)	Ctrl+X
		❶ 우클릭		복사하기(C)	Ctrl+C
				셀 지우기(D)	Ctrl+E
				글자 모양(L)...	Alt+L
				문단 모양(M)...	Alt+T
				스타일(S)...	F6
				표/셀 속성(Q)...	P
				셀 테두리/배경(B)	▶
				셀 높이를 같게(R)	H
				셀 너비를 같게(C)	W
				셀 합치기(J)	M
				셀 나누기(V)...	S
				줄/칸 추가하기(I)...	Alt+Insert
				줄/칸 지우기(E)...	Alt+Delete
		❷	채우기(A)	표 자동 채우기(Q) A ❸	
			1,000 단위 구분 쉼표(U)	자동 채우기 내용(R)...	
			블록 계산식(K)	▶	
			차트 만들기(H)		

05 입력된 셀 범위의 내용을 복사/붙이기를 하려고 합니다. 셀 범위가 지정된 상태에서 Ctrl+C로 **복사**를 합니다.

품　　　　　명↵	수　량↵	단　　가↵	금　　액↵	원　　　　가↵		
				단　가↵	금　액↵	
↵	↵	↵	원↵	↵	↵	↵	↵
↵	↵	↵	원↵			
↵	↵	↵	원↵			
↵	↵	↵	원↵			
↵	↵	↵	원↵	↵	↵	↵	↵
↵	↵	↵	원↵	↵	↵	↵	↵
↵	↵	↵	원↵	↵	↵	↵	↵
↵	↵	↵	원↵	↵	↵	↵	↵
↵	↵	↵	원↵	↵	↵	↵	↵
↵	↵	↵	원↵	↵	↵	↵	↵
↵	↵	↵	원↵	↵	↵	↵	↵
↵	↵	↵	원↵	↵	↵	↵	↵
↵	↵	↵	원↵	↵	↵	↵	↵
	인 도↵ 장 소↵	↵	발 송↵ 번 호↵	↵	외 매↵	제 품↵

셀 범위가 지정된 후 Ctrl+C로 복사합니다.

06 붙이기 할 곳을 클릭하여 ❶**셀에 커서를 위치**한 후 ❷Ctrl+V를 눌러서 **셀 붙이기** 대화상자가 나오면 ❸**[내용만 덮어쓰기]**를 선택한 다음 ❹**[붙이기]**를 클릭합니다.

셀 붙이기 대화상자 — 붙이기: 위쪽(U), 왼쪽(L), 오른쪽(R), 아래쪽(B), 덮어쓰기(O), 내용만 덮어쓰기(C), 셀 안에 표로 넣기(T), 붙이기(D), 취소

07 나머지 단위에도 동일하게 붙이기 작업을 해 줍니다.

수 주 문 서		품 명	수 량	단 가	금 액	원 가		
일 자	번 호					단 가	금 액	
					원	원	원	원
					원	원	원	원
					원	원	원	원
					원	원	원	원
					원	원	원	원
					원	원	원	원
					원	원	원	원
					원	원	원	원
					원	원	원	원
					원	원	원	원
					원	원	원	원
					원	원	원	원
					원	원	원	원
발 주 처			인 도 장 소		발 송 번 호		외 매 대 장 ㊞	제 품 대 장 ㊞	
			포 장 개 수		발 송 방 법				

08 앞에서 배운 방법을 이용해 도장을 넣어 보세요.

거 래 명 세 표

2024년 6월 15일

No._____

계 장	과 장	부 장
㊞	㊞	

수 주 문 서		품 명	수 량	단 가	금 액	원 가		
일 자	번 호					단 가	금 액	
					원	원	원	원
					원	원	원	원
					원	원	원	원
					원	원	원	원
					원	원	원	원
					원	원	원	원
					원	원	원	원
					원	원	원	원
					원	원	원	원
					원	원	원	원
					원	원	원	원
					원	원	원	원
발 주 처			인 도 장 소		발 송 번 호		외 매 대 장 ㊞	제 품 대 장 ㊞	
			포 장 개 수		발 송 방 법				

STEP 6 > 이미지 자르기

01 [입력] ▶ [그림]을 이용하여 결재란 빈 곳인 [부상] 아래에 **[홍길동]**사인 이미지를 삽입합니다. ❶[자르기]로 싸인만 남기고 ❷위/아래 여백을 잘라냅니다.

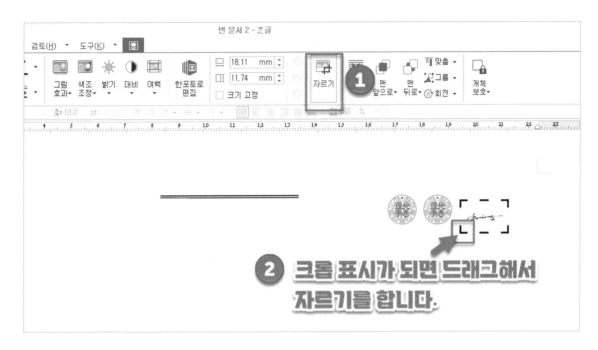

02 사인 이미지에서 **[배치]** ▶ **[글 앞으로]**를 눌러서 결재란에 위치시킵니다.

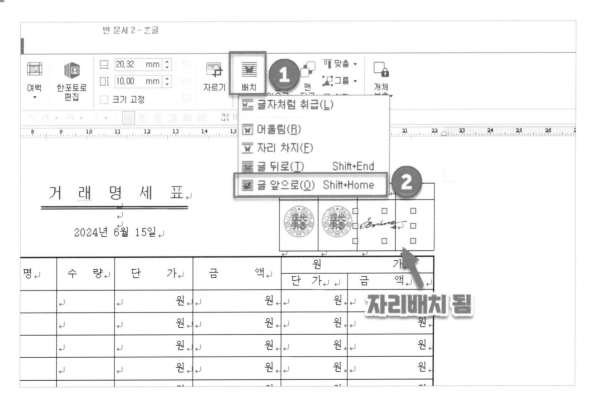

1 [문서마당]에서 [일정관리 문서] ▶ [시간표 02(초등학교2)]를 선택해서 아래와 같이 변경한 후 **"시간표"**로 저장해 보세요.

수업시간표

요일\시간	월(月)	화(火)	수(水)	목(木)	금(金)	토(土)
1		글맵시			그리기마당 미풍양속(서당)	
2						
3						
4						
5						
6						

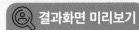

표 계산식 활용하기

표에 입력된 숫자를 사칙연산과 합, 곱, 평균 등의 함수를 계산해 자동으로 입력하고, 자동 채우기로 수식을 복사할 수 있습니다.

🔍 결과화면 미리보기

홍길동PC 견적서

분류	제품명	규격	단가	할인율	가격
본체	CPU	i7-14300	450,000	10%	405,000
	메인보드	ASUS	200,000	10%	180,000
	쿨러	수냉	50,000	3%	48,500
	RAM	32GB	35,000	10%	31,500
	M.2	512GB	50,000	5%	47,500
	VGA	라데온	430,000	4%	412,800
	케이스	미들타워	100,000	3%	97,000
	파워	200W	50,000	5%	47,500
합계			1,365,000		1,269,800
주변기기	모니터	27인치	250,000	5%	237,500
	키보드	106키	30,000	5%	28,500
	마우스	게임용	50,000	10%	45,000
	복합기	팩스x	150,000	10%	135,000
	웹캠	720dpi	80,000	5%	76,000
합계			560,000		522,000
기타	책상	2인용	150,000	10%	135,000
	의자	pc방용	100,000	15%	85,000
	책장	5칸	350,000	10%	315,000
	모니터암	2개용	135,000	5%	128,250
	종이	A4	10,000	0%	10,000
합계			745,000		673,250

무엇을 배울까?

❶ 데이터 입력하기

❷ 계산식으로 계산하기

❸ 셀 복사/셀 지우기

❹ 쉬운 계산식/블록 계산식

01 ❶[입력] 메뉴 ▶ ❷[표]를 클릭해서 ❸[2줄, 6칸]으로 변경하고 ❹[글자처럼 취급]을 체크한 후 ❺[만들기]를 누릅니다.

02 표의 첫 번째 칸에서 ←를 누르거나, Shift+Esc를 누르면 표 앞으로 커서가 빠져나갑니다. Enter를 누르고 윗 줄로 이동하여 [홍길동PC 견적서] 라는 제목을 입력한 다음 **글자 크기를 "20pt"**로 하고, 문단 정렬은 [가운데 정렬]을 합니다. 아래를 참고하여 표 안의 내용도 입력합니다.

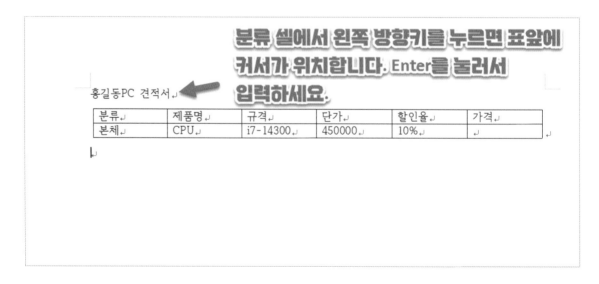

03 셀 마지막 칸에 커서를 위치한 후, 다음 줄을 추가하기 위해 Tab(탭 키)를 누릅니다.

다른 방법 ❶ ···

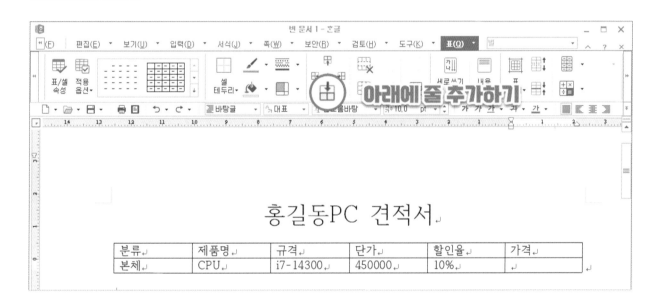

다른 방법 ❷ ···

표의 마지막 줄 아무 칸에서나 Ctrl+Enter 를 누르면 줄이 추가됩니다. 잘못 눌러서 Shift+Enter 를 누르면 전혀 다른 기능이 실행되므로 익숙하게 사용하려면 자주 사용해 보세요.

04 아래의 내용을 입력합니다. 줄을 추가할 때는 단축키 Ctrl + Enter 를 이용하는 것이 가장 빠릅니다.

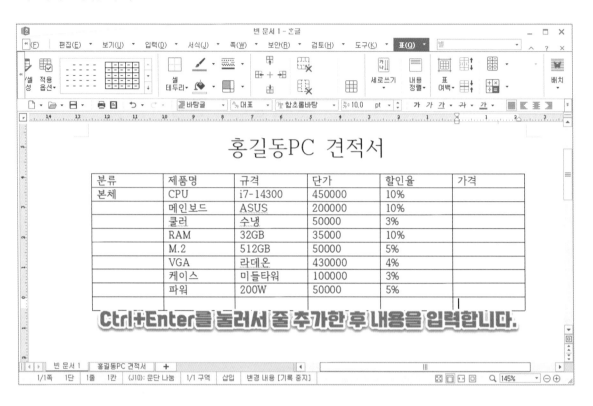

05 아래처럼 마우스로 ❶블록 지정한 후 ❷[셀 합치기]을 합니다.

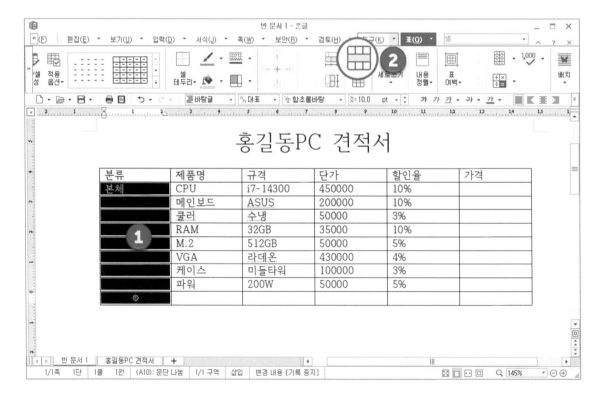

06 제일 아래 줄 두 칸을 ❶[셀 합치기]를 한 후 "합계"를 입력합니다. ❷[분류] 칸의
너비는 선에 마우스를 올린 후 왼쪽으로 드래그해서 줄여줍니다.

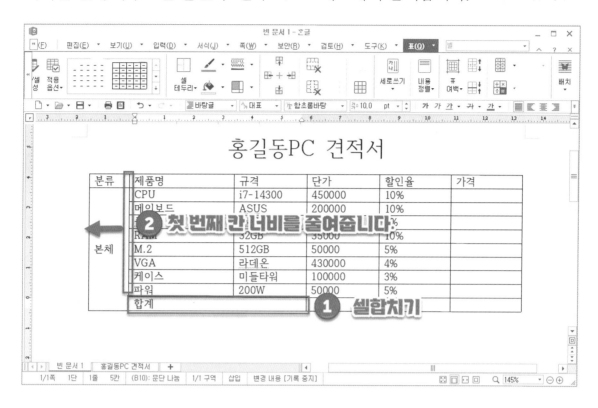

07 F5를 3번 눌러 셀 범위를 모두 설정 후 [가운데 정렬]합니다.

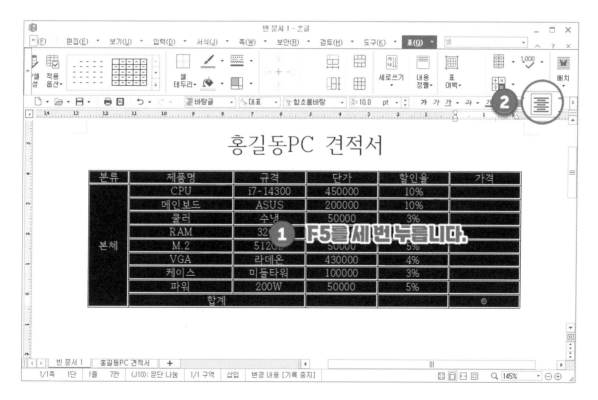

01 단가, 할인율, 가격 셀은 모두 **[오른쪽 정렬]**을 해줍니다.

02 단가와 가격에 천단위 콤마를 적용하기 위하여 먼저 ❶단가 범위를 지정한 후 떨어진 범위는 ❷Ctrl을 누른 상태로 가격 범위를 추가로 지정한 다음 ❸[1,000 단위 구분 쉼표] ▶ ❹[자릿점 넣기]를 클릭합니다.

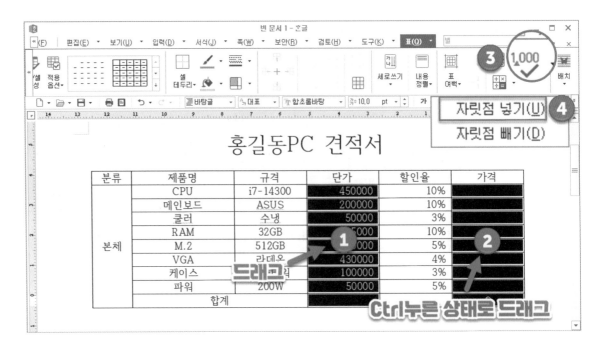

셀주소	A열	B열	C열	D열	E열
1행	A1	B1	C1	D1	E1
2행	A2	B2	C2	D2	E2
3행	A3	B3	C3	D3	E3
4행	A4	B4	C4	D4	E4
5행	A5	B5	C5	D5	E5

03 CPU의 단가가 입력된 셀 주소는 **[D2]**, 할인율은 **[E2]**입니다. 가격을 구하기 위해서는 계산식을 **=D2*(1-E2/100)**으로 입력하면 되는데, 셀에 바로 입력하는 것이 아닙니다.

[가격]을 구하기 위한 것이므로 먼저 **[F2] 셀**로 커서를 이동합니다. 표의 리본메뉴에서 ❶**[계산식]** 버튼을 클릭하고 가장 아래에 있는 ❷**[계산식]**을 선택합니다.

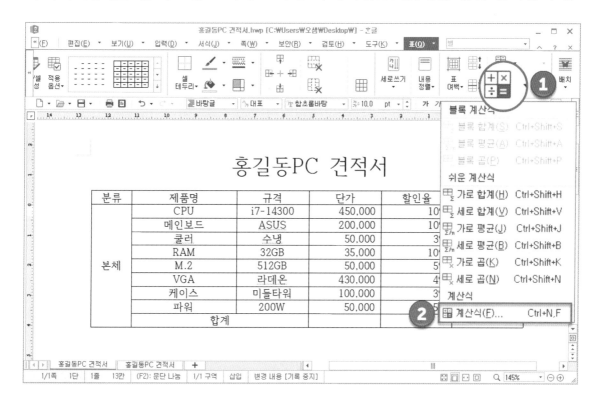

04 계산식에 ❶"=D2*(1-E2/100)"을 입력한 후, 형식은 ❷[정수형]으로 변경하고 ❸ [확인]을 클릭합니다.

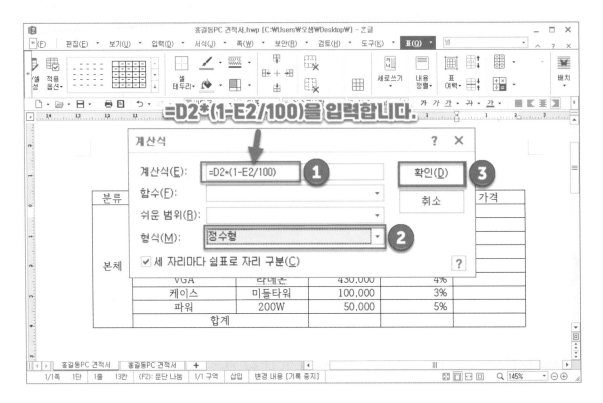

05 나머지도 계산식을 적용하기 위해서 **범위를 지정**하고 **[채우기]의 단축키인 ④**를 **눌러** 결과를 확인해 보세요.

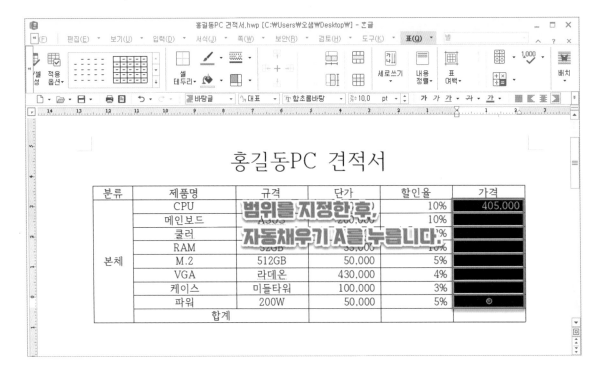

06 동일한 가격으로 계산이 되었는데, 이유는 =D2*(1-E2/100)에서 세로좌표인 D2, D3, D4로 E2, E3, E4등으로 변경되면 되는데 한글에서는 **엑셀과 달리** 자동으로 변경이 되지 않습니다. **[F2:F9]**까지 범위를 지정해서 Delete로 **결과를 삭제**합니다.

홍길동PC 견적서

분류	제품명	규격	단가	할인율	가격
	CPU	i7-14300	450,000	10%	
	메인보드	ASUS	200,000	10%	
	쿨러	수냉	50,000	3%	
	RAM				
본체	M.2	512GB	50,000	5%	
	VGA	라데온	430,000	4%	
	케이스	미들타워	100,000	3%	
	파워	200W	50,000	5%	
	합계				

Delete로 내용을 지웁니다.

07 Esc를 눌러서 셀 범위를 해제한 후, 가격의 첫 번째 계산 셀인 **[F2]** 셀에 커서를 위치한 후, "**=D?*(1-E?/100)**" 계산식을 입력합니다.

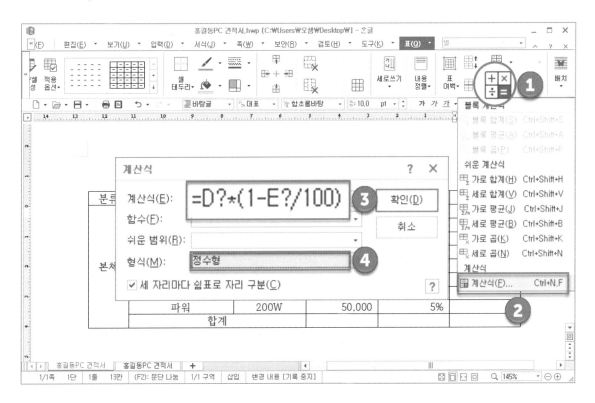

08 계산 **범위를 지정**한 후 **[자동 채우기] 단축키** A**를 눌러** 계산 결과를 확인합니다. "?"는 변하는 범위를 의미합니다.

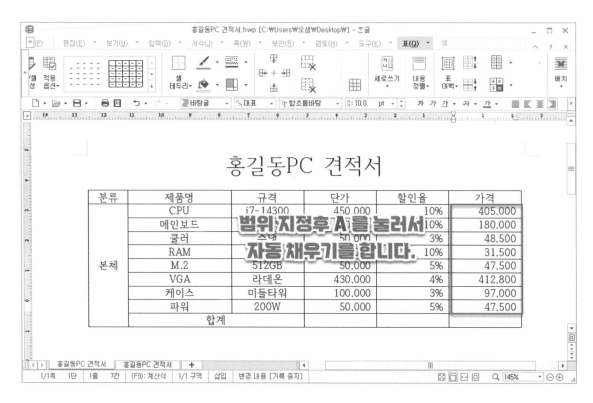

09 아래와 같이 셀 범위를 지정한 후 Ctrl+C를 눌러 **[복사]**를 합니다.

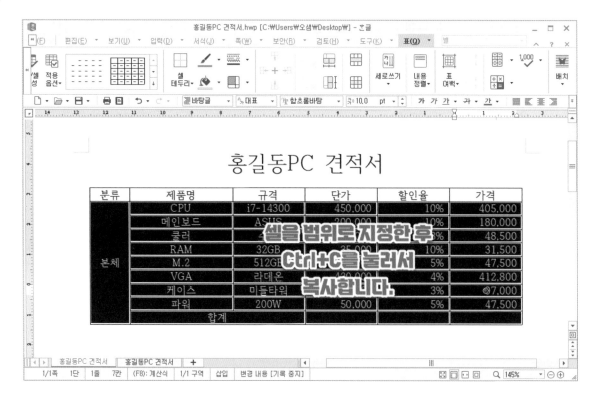

10 Esc 를 눌러 범위를 해제하고 마지막 줄의 칸으로 커서를 이동한 후 Ctrl + V 를 눌러 **❶[붙이기]**를 하고, 대화상자에서 **❷[아래쪽]**을 선택한 다음 **❸[붙이기]**를 클릭합니다.

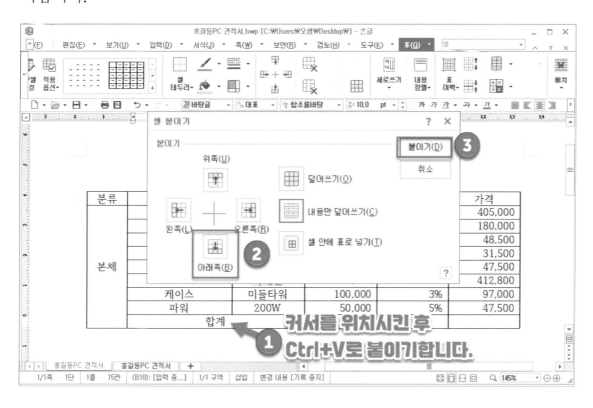

11 내용을 변경하기 위해 아래의 셀 범위를 지정한 후 Delete 로 **삭제**합니다. 계산식이 입력된 가격 란은 삭제하지 않습니다.

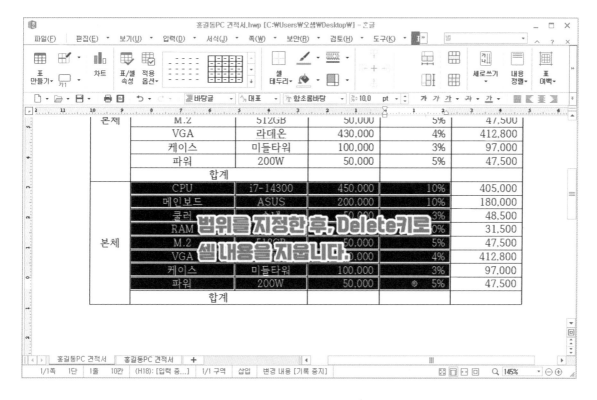

01 아래의 내용을 지운 셀에 입력합니다. 계산식은 다시 입력하지 않도록 하고 입력하도록 합니다.

본체	M.2	512GB	50,000	5%	47,500
	VGA	라데온	430,000	4%	412,800
	케이스	미들타워	100,000	3%	97,000
	파워	200W	50,000	5%	47,500
	합계				
본체	모니터	27인치	250000	5%	237,500
	키보드	106키	30000	5%	28,500
	마우스	게임용	50000	10%	45,000
	복합기	팩스x	150000	10%	135,000
	웹캠	720dpi	80000	5%	76,000
	내용을 입력합니다.				0
					0
					0
	합계				

02 ❶[셀 범위] 지정한 후 ❷마우스 우클릭 ▶ ❸[셀 지우기]를 클릭합니다. 계산식에 오류가 발생하면 Ctrl + Z 로 [되돌리기]한 후 Delete 를 눌러서 내용만 지우도록 합니다.

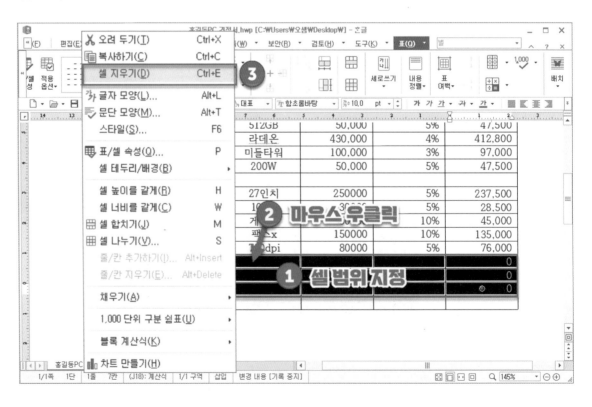

03 셀 범위 지정 후 M을 눌러 셀 합치기를 합니다.

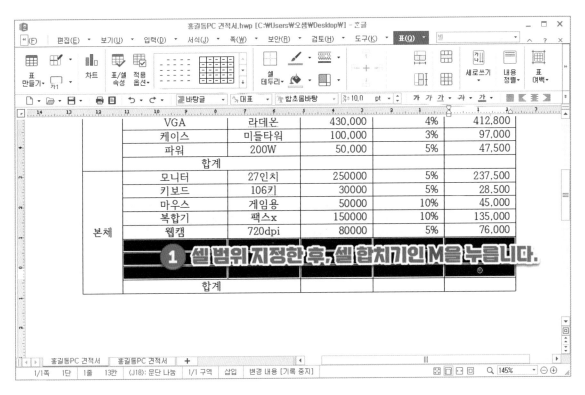

04 ❶마우스 우클릭 후 ❷[줄/칸 지우기]를 선택합니다. [줄/칸 지우기] 대화상자에 서 ❸[줄]을 선택하고 ❹[지우기]를 클릭합니다.

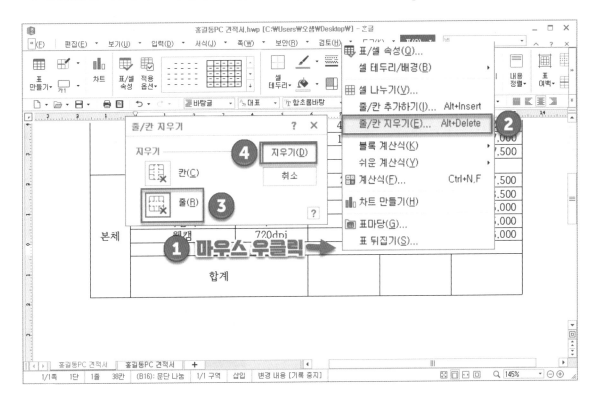

05 가장 왼쪽의 "본체"를 **"주변기기"**로 바꾸고, 아래와 같이 셀 범위를 복사해서 **아래쪽에 붙이기** 합니다.

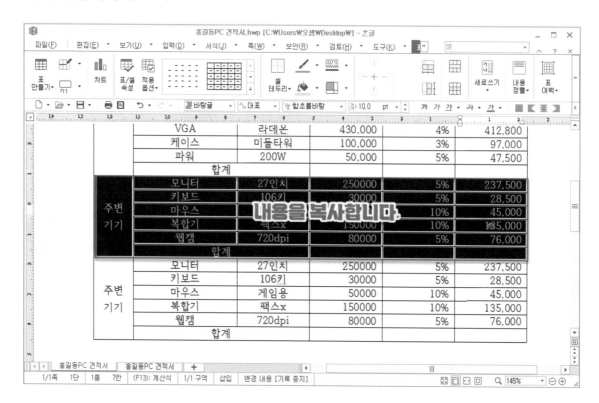

06 내용을 아래와 같이 수정한 후, 단가의 숫자가 입력된 셀 범위를 지정한 후 **[자릿점 넣기]**를 합니다.

01 본체의 단가에 대한 합계를 구하려면 ❶[D10] 셀로 이동한 후 ❷[계산식]을 클릭하여 쉬운 계산식에서 ❸[세로 합계]를 선택합니다.

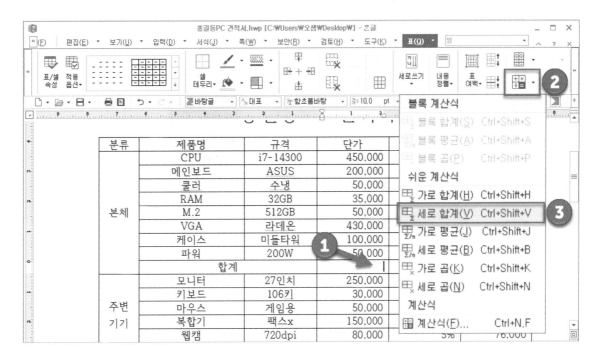

02 가격 합계를 구하려면 ❶[F10] 셀로 이동한 후, 앞의 과정을 다시 작업해 줍니다.

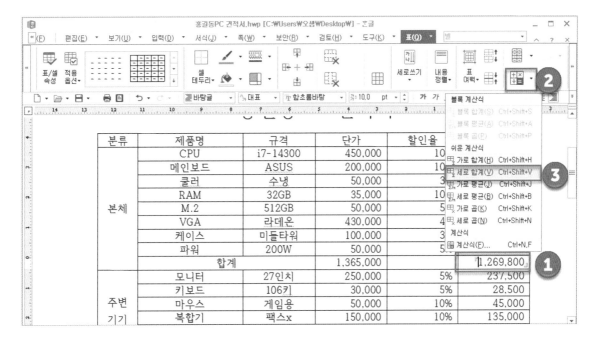

03 주변 기기의 단가의 합계를 구하기 위해 ❶[D11:D16] 셀을 범위로 지정한 후 ❷ [계산식] ▶ ❸[블록 합계]를 선택합니다.

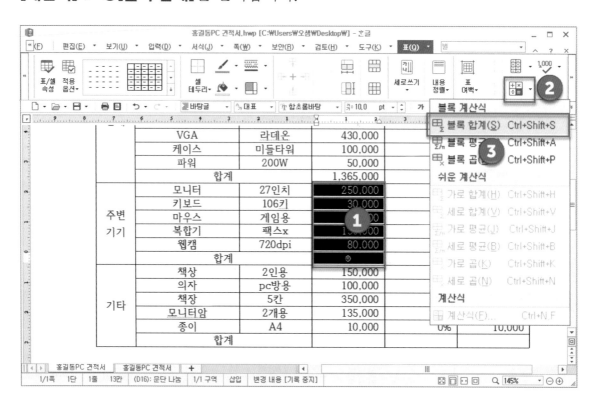

04 나머지 합계도 앞의 과정대로 계산해 주세요. 블록 합계를 구할 때는 범위로 지정한 마지막 빈 셀에 계산 결과가 표시됩니다.

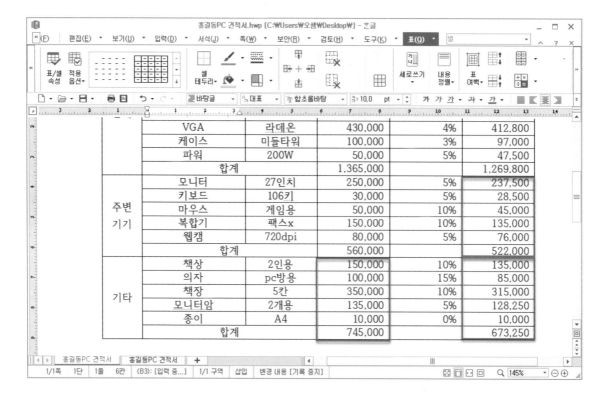

05 셀 테두리를 **바깥쪽**에 **굵기 1mm**로 설정하고, 항목명의 배경은 **회색**으로 적용합니다. 전체 셀 범위 지정한 후 Ctrl+↓를 **5번** 눌러 높이를 늘려 줍니다.

분류	제품명	규격	단가	할인율	가격
	CPU	i7-14300	450,000	10%	405,000
	메인보드	ASUS	200,000	10%	180,000
	쿨러	수냉	50,000	3%	48,500
	RAM	32GB	35,000	10%	31,500
본체	M.2	512GB	50,000	5%	47,500
	VGA	라데온	430,000	4%	412,800
	케이스	미들타워	100,000	3%	97,000

06 본체, 주변기기, 기타가 입력된 셀을 ❶**셀 범위**로 지정한 후, ❷**[세로 쓰기]** ▶ ❸ **[영문 세움]**을 선택합니다.

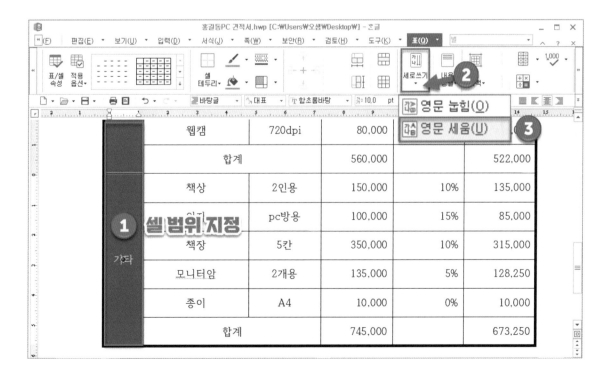

1. 셀 테두리/배경을 아래처럼 변경하고, [D10], [D16], [D22] 셀의 필드 이름은 **"단가합계"**, [F10], [F16], [F22] 셀의 필드 이름은 **"가격합계"**로 셀 속성에 **부여**한 후, 가장 아래 줄에 총합계 행을 추가하여 계산해 보세요(=SUM(ALL: 필드 이름)과 같은 계산식 이용).

홍길동PC 견적서

분류	제품명	규격	단가	할인율	가격
본체	CPU	i7-14300	450,000	10%	405,000
	메인보드	ASUS	200,000	10%	180,000
	쿨러	수냉	50,000	3%	48,500
	RAM	32GB	35,000	10%	31,500
	M.2	512GB	50,000	5%	47,500
	VGA	라데온	430,000	4%	412,800
	케이스	미들타워	100,000	3%	97,000
	파워	200W	50,000	5%	47,500
합계			1,365,000		665,000
주변기기	모니터	27인치	250,000	5%	237,500
	키보드	106키	30,000	5%	28,500
	마우스	게임용	50,000	10%	45,000
	복합기	팩스x	150,000	10%	135,000
	웹캠	720dpi	80,000	5%	76,000
합계			560,000		557,300
기타	책상	2인용	150,000	10%	135,000
	의자	pc방용	100,000	15%	85,000
	책장	5칸	350,000	10%	315,000
	모니터암	2개용	135,000	5%	128,250
	종이	A4	10,000	0%	10,000
합계			745,000		665,000
총합계			2,670,000		1,887,300

CHAPTER 09

표 데이터로 차트 만들기

차트는 데이터를 시각화하여 보여주는 기능입니다. 한글의 자체적인 차트 기능으로도 만들 수 있지만, 기존 표에 입력된 데이터를 활용하여 다양한 차트를 손쉽게 만들어 사용할 수 있습니다.

결과화면 미리보기

	오늘	내일	모레
최고 기온	32.5	23.2	30.5
최저 기온	23.3	20.2	23.8

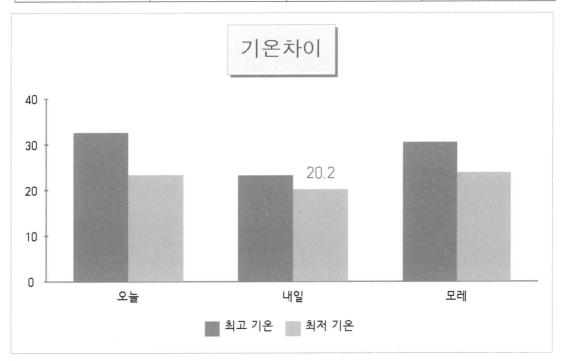

무엇을 배울까?

❶ 차트 만들기
❷ 차트 꾸미기

❸ 데이터 추가하기
❹ 자료점 이름표 표기하기

STEP **1** ▶ **차트 만들기**

01 아래와 같이 [3줄, 4칸]의 표를 만들고 내용을 입력합니다.

02 ❶셀 범위를 지정한 후 리본메뉴에서 ❷[차트]를 클릭하면 문서에 차트가 추가됩니다.

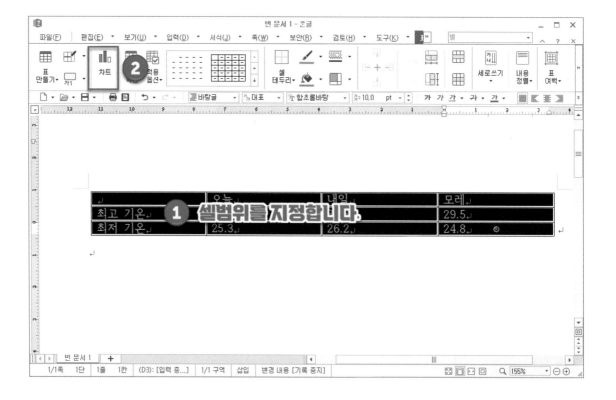

03 차트를 선택한 후 ❶[제목] 드롭다운을 클릭하고 ❷[위쪽 표시]를 선택합니다.

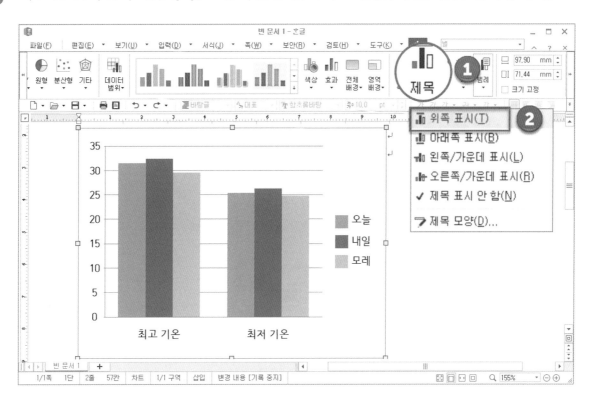

04 ❶[차트 영역]을 더블클릭으로 차트 편집에 들어갑니다. ❷[차트 제목]을 더블 클릭해서 제목을 꾸며 보겠습니다.

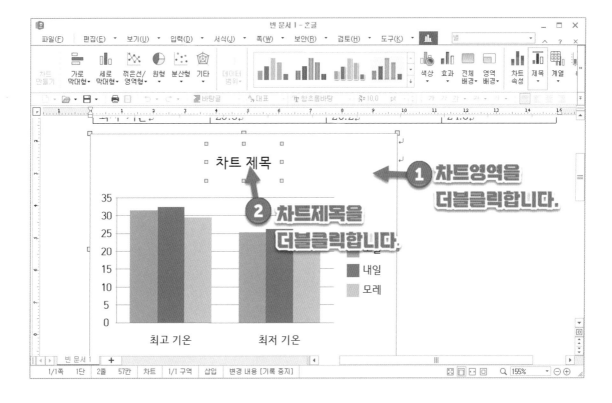

05 ❶[글자] 탭에서 내용에는 ❷"기온차이"를 입력하고, 글꼴 ❸[한컴돋움]으로 크기는 ❹[16], 글자 색은 ❺[파랑]으로 변경합니다.

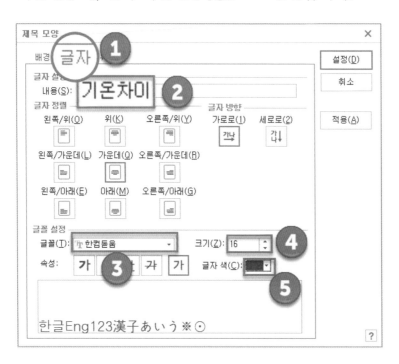

06 ❶[배경] 탭에서 ❷[색]을 체크하고, [면색]을 [노랑]으로, [선 모양]은 ❸[한 줄로], ❹[그림자]를 체크한 후 위치는 2pt로 ❺[설정]합니다.

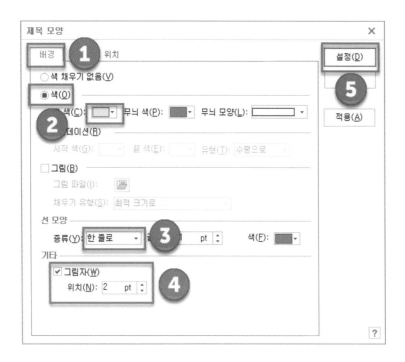

07 **차트 밖을 클릭**해서 차트 편집을 빠져 나간 후, 차트를 클릭해서 **포인터를 [오른쪽]으로 드래그**합니다.

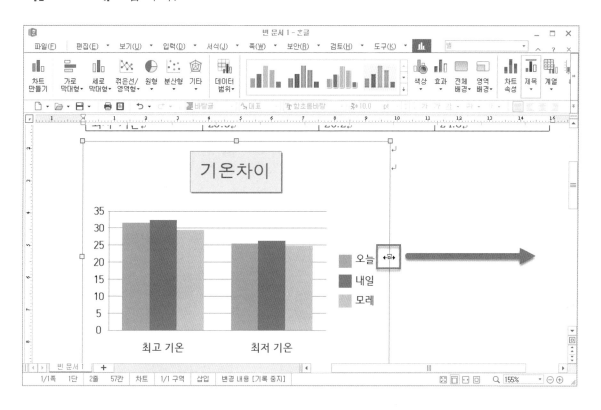

08 표에 입력된 값을 아래처럼 변경하면 **차트도 연동**됩니다.

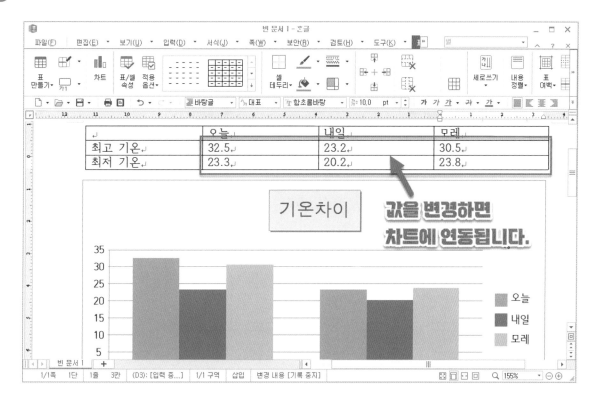

STEP 2 ▶ 차트 꾸미기

01 차트 선택 후 리본메뉴에서 ❶[축] ▶ ❷[축] ▶ ❸[세로 값 축] ▶ ❹[선택]을 차례대로 클릭합니다.

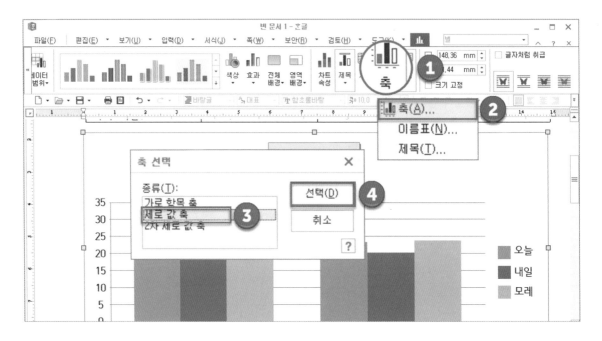

02 ❶[비례] 탭을 클릭한 후 ❷[자동으로 꾸밈]을 체크 해제하고, ❸[최댓값]은 "40", [큰 눈금선]은 "4"로 변경한 후 ❹[설정]을 클릭합니다.

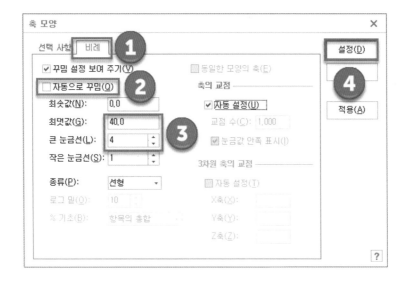

03 ❶[범례]를 클릭한 후 ❷[아래쪽 표시]를 선택합니다.

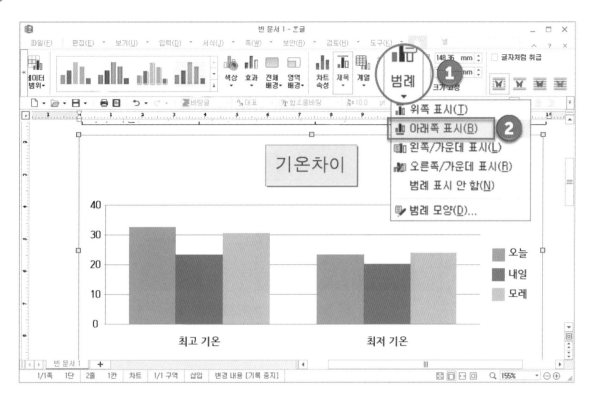

04 X축과 범례를 서로 교체하려면, ❶[데이터 범위] ▶ ❷[행]을 선택하면 교체됩니다. 다시 [열]로 변경해 보세요.

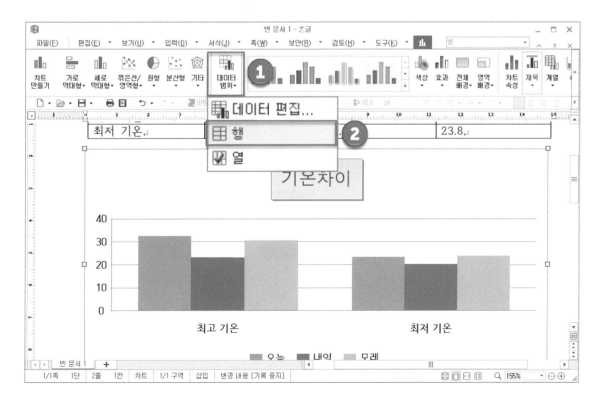

05 차트의 색상을 변경하려면 ❶[색상] ▶ ❷[초록색/붉은색 혼합 색조]를 선택합니다.

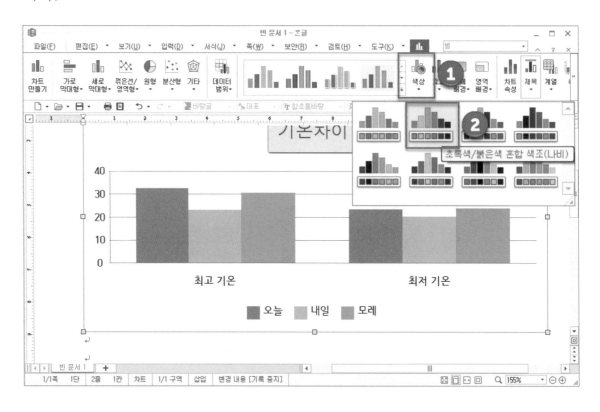

06 ❶[차트영역] 더블클릭한 후, ❷[최고기온]을 더블클릭합니다.

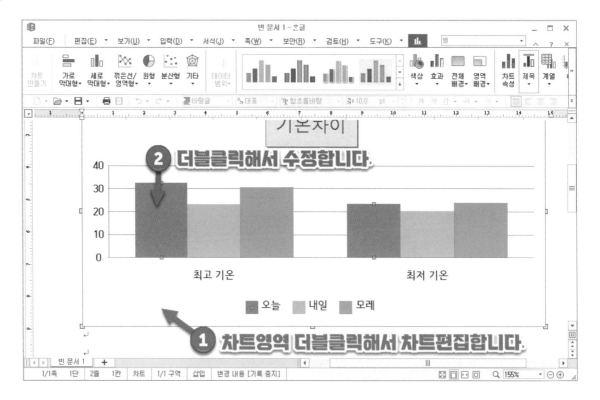

07 계열 모양 대화상자에서 **①[면] 탭** ▶ **②[파랑색]** ▶ **③[설정]**을 클릭합니다.

08 차트 종류를 변경하기 위해 **①[꺾은선/영역형]** ▶ **②[자료점 표식]**을 선택합니다.
변경된 차트 모양을 확인한 다음 **[세로 막대형]** ▶ **[묶은 세로 막대형]**을 선택하
여 원래 모양대로 되돌립니다.

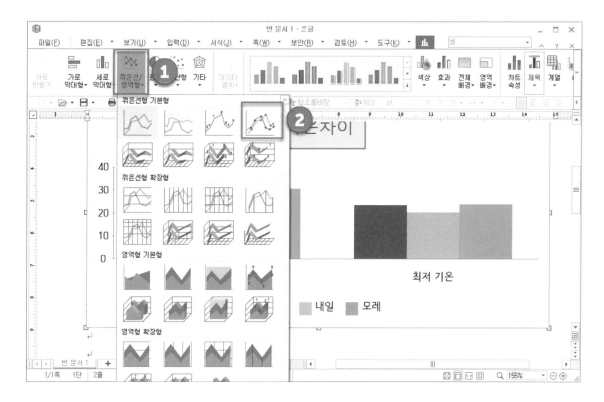

01 차트에 데이터를 추가하기 위하여 아래와 같이 ❶[데이터 범위] ▶ ❷[데이터 편집]을 선택합니다.

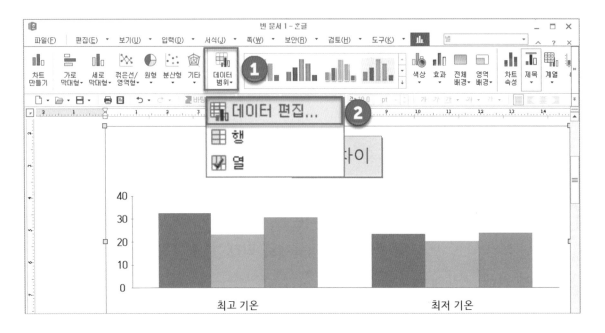

02 차트 데이터 편집 대화상자에서 **[행 추가하기]** 버튼을 클릭합니다.

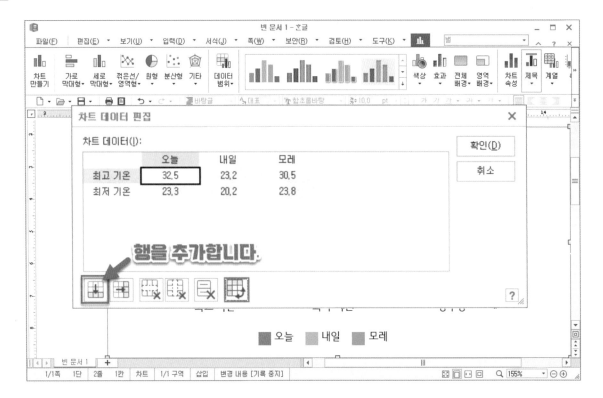

03 [행3]을 더블클릭해서 **❶"강수량"**을 입력하고, **❷수치 데이터**를 입력한 후, **❸[확인]**을 클릭합니다.

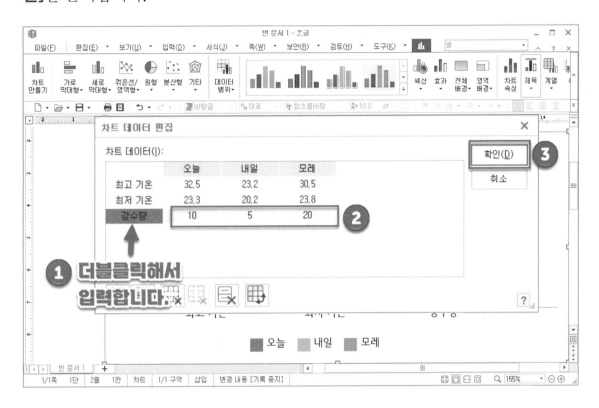

04 [강수량]을 추가한 차트의 모습입니다. **[데이터 범위] ▶[행]**을 선택해 X축과 범례를 서로 교차해 보세요.

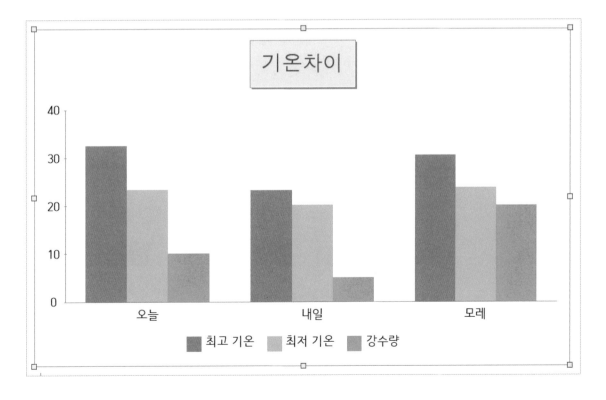

0**1** ❶[계열] ▶ ❷[자료점 이름표]를 차례로 선택합니다.

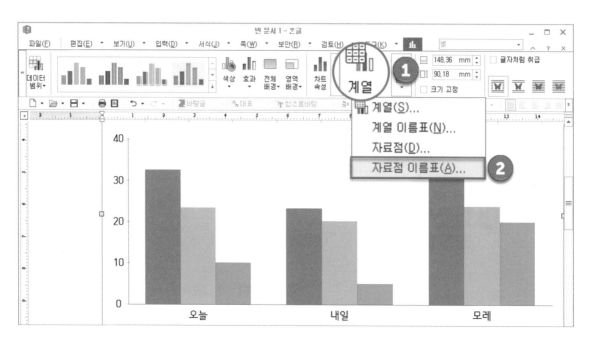

0**2** ❶[최저 기온] ▶ ❷[내일] ▶ ❸[선택]을 차례대로 선택합니다.

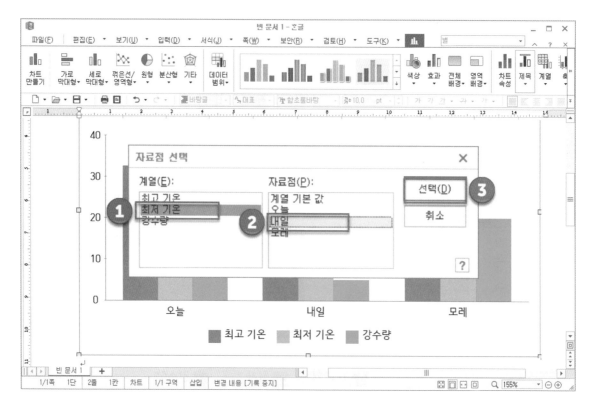

03 아래의 대화상자에서 ❶[계열 기본 값 사용] 체크를 해제하고, ❷[바로 위]를 선택합니다.

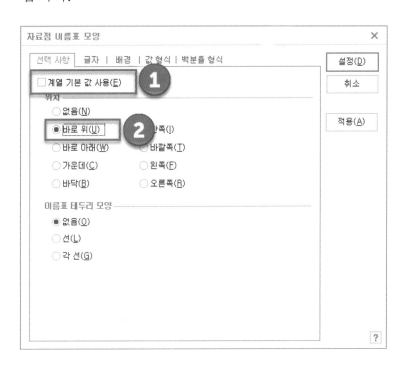

04 ❶[글자] 탭에서 글자 정렬은 ❷[위]를 선택하고 글꼴 설정에서는 ❸크기는 "12", 글자 색은 [빨강색]으로 변경한 후 ❹[설정]을 클릭합니다.

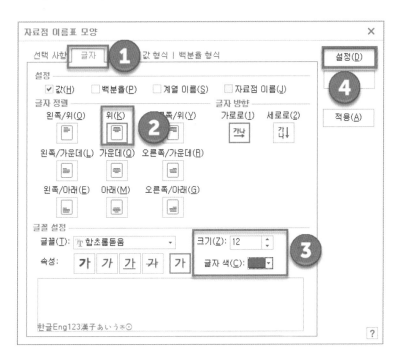

05 아래와 같이 **내일-최저기온**에 표시가 됩니다. 표에서 값을 직접 변경해서 적용되는지 확인해 보세요. 차트의 [데이터 범위]에 직접 입력한 값과 표에서 연동된 값의 차이점을 스스로 생각해 보세요.

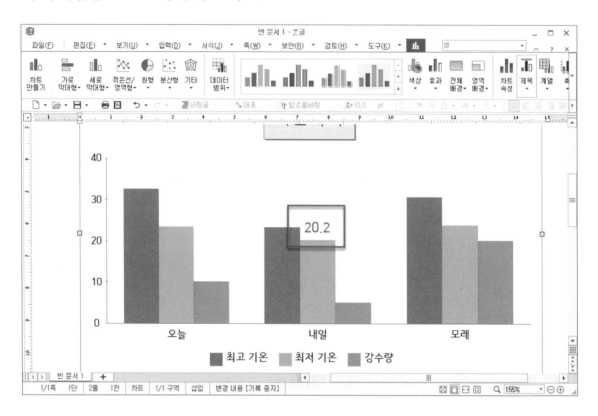

06 원래의 차트로 되돌려 보세요.

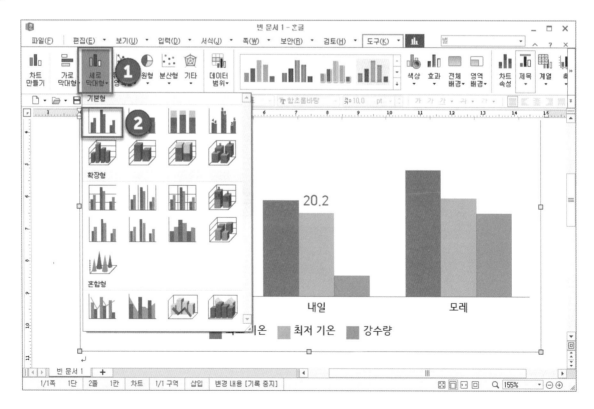

혼자서 연습하기

① 표에 입력한 데이터를 기반으로 차트를 작성합니다. **차트 제목**과 **축 제목**을 결과처럼 추가하고, **자료점 이름표**(데이터 레이블), **표식**은 **빨간 삼각형**으로 만들어 보세요.

신입사원 타자현현황

	상반기	하반기
김동철	80	120
박성진	95	160
고영춘	60	135
최진수	100	185

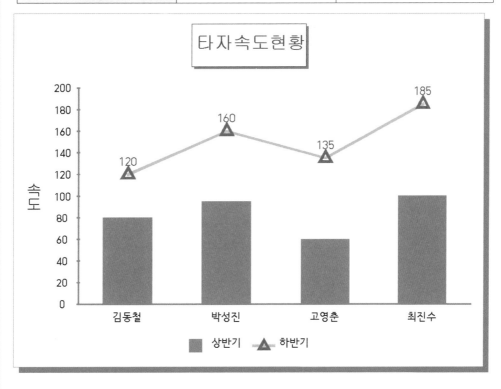

필요한 기능 모아쓰기

문서 병합하기, PDF문서, 인쇄하기, 자주 사용하는 문구를 등록해서 사용하는 상용구, 쪽 번호, 머리말과 꼬리말, 메일 머지 등 문서 작성 과정에서 알아두면 편리하게 사용할 수 있는 다양한 기능에 대해 배워보겠습니다.

결과화면 미리보기

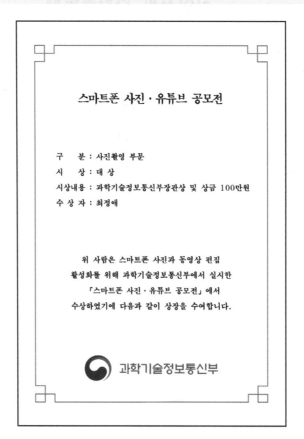

무엇을 배울까?

❶ 여러 파일을 하나의 문서로 만들기
❷ PDF 문서로 저장하기
❸ 인쇄하기
❹ 상용구 사용하기
❺ 쪽 번호 매기기
❻ 머리말/꼬리말 만들기
❼ 메일 머지 활용하기

STEP 1 ▶ 여러 파일을 하나의 문서로 만들기

01 [교재예제(한글)] ▶ "10-끼워넣기01"을 불러옵니다.

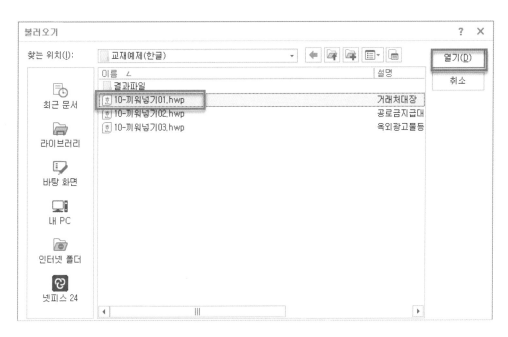

02 Ctrl + page down 으로 **문서 맨 끝으로** 이동합니다. ❶[입력] 메뉴의 드롭다운 버튼을 클릭한 후 ❷[문서 끼워 넣기]를 클릭합니다(단축키 : Ctrl + O).

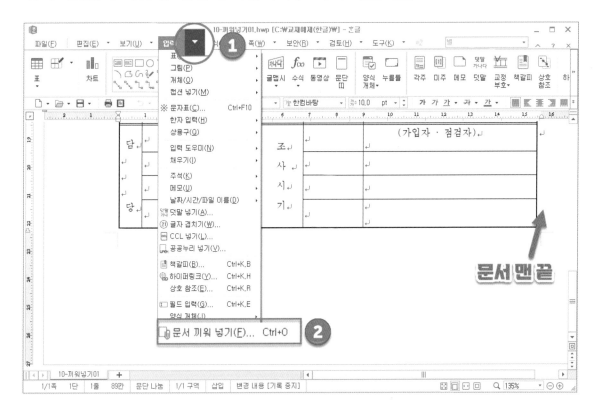

03 ❶[10-끼워넣기02] 파일을 선택한 후, ❷모든 항목을 체크하고 ❸[넣기]를 클릭합니다.

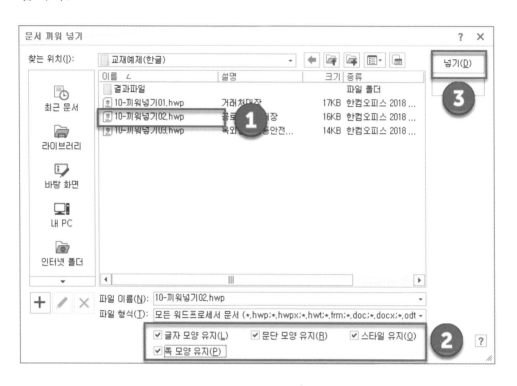

04 ❶[보기] 메뉴의 드롭다운 버튼 ▶ ❷[화면 확대/축소] ▶ ❸[쪽 맞춤] ▶ ❹[두 쪽] ▶ ❺[설정]을 차례대로 클릭합니다. 확인한 후에는 반드시 **[폭 맞춤]**과 **[한 쪽]**으로 설정해 주세요.

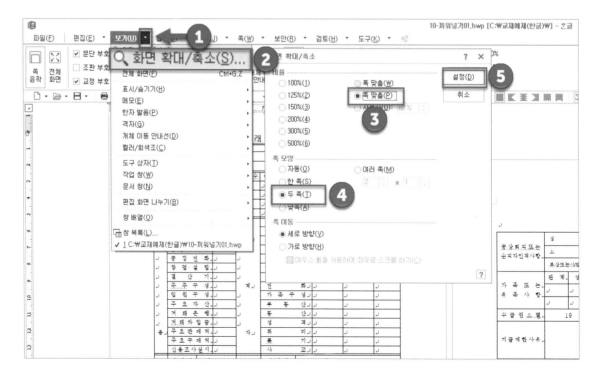

STEP 2 > PDF 문서로 저장하기

01 [10-스마트 미디어 산업 활성화 방안] 파일을 불러온 후, ❶[파일] ▶ ❷[PDF로 저장하기]를 클릭합니다.

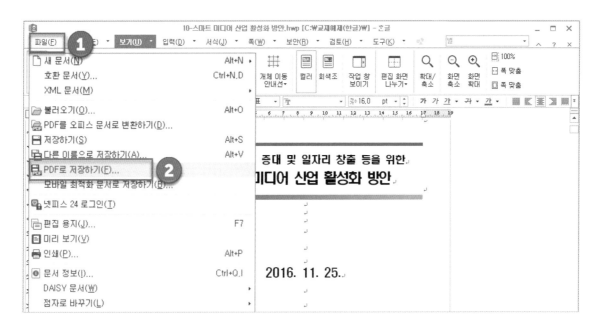

02 ❶저장 위치를 확인한 후 ❷[저장]을 클릭합니다. PDF 파일은 기본적으로 **기본앱**에 설정된 **웹 브라우저**에서 열어볼 수 있습니다.

STEP 3 ▶ 인쇄하기

01 앞 과정의 파일에서 ❶[파일] ▶ ❷[인쇄]를 클릭합니다.

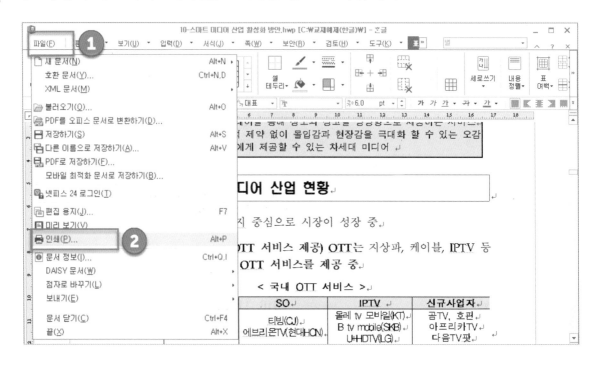

02 ❶[모아 찍기]를 2쪽씩으로 선택한 후 ❷[미리보기]를 눌러서 미리보기로 확인합니다.

03 [미리 보기] 화면에서 ❶[쪽 보기] ▶ ❷[여러 쪽] ▶ ❸2줄×2칸으로 설정하면 아래와 같이 화면에 4장이 보이게 되고 총 8페이지가 인쇄됩니다.

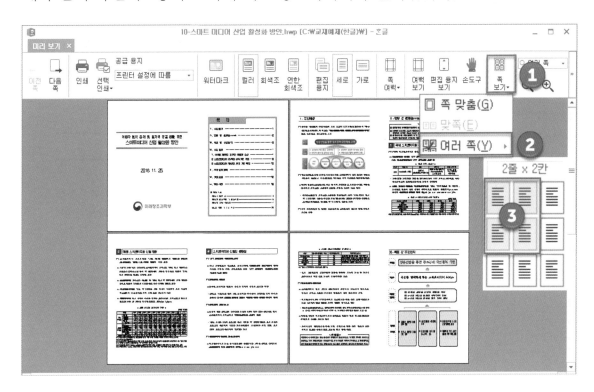

04 미리 보기를 **닫기** 합니다. [인쇄]에서 **모아 찍기를 해제**한 후 [미리보기]를 다시 학인하면 원래 1장으로 인쇄됩니다.

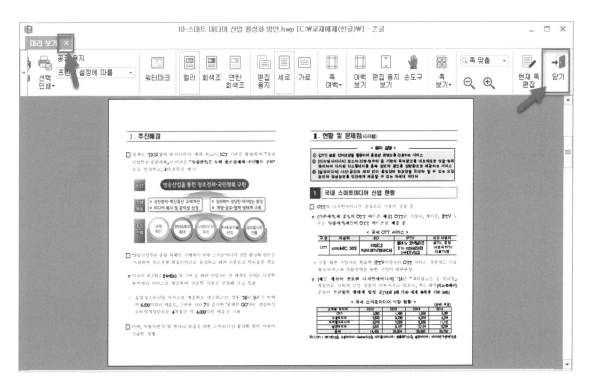

STEP 4 ▸ 상용구 사용하기

01 자주 사용하는 문구나 표, 개체 등을 등록해서 사용하는 **상용구**는 Alt+I 를 눌러서 사용하는 것이 편합니다. **□를 블록 설정**한 후 Alt+I 를 누릅니다.

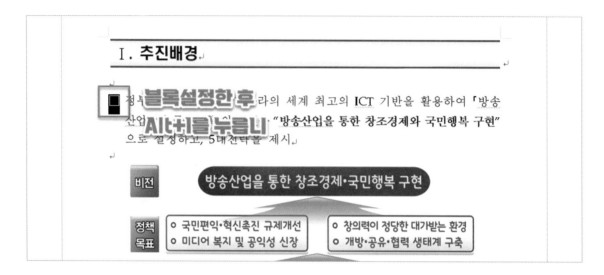

02 ❶[준말]에 "ㄴ"을 입력하고 ❷[글자 속성 유지하지 않음]을 선택한 후 ❸[등록]을 누릅니다.

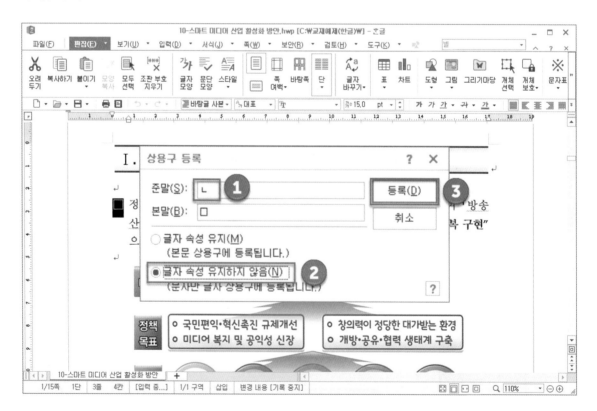

03 개체도 상용구로 등록해 사용할 수 있습니다. ❶**표 테두리를 클릭**해서 `Alt`+`I`를 누른 후 ❷**[준말]**에 **"제"로 등록**한 후 ❸**[설정]**합니다.

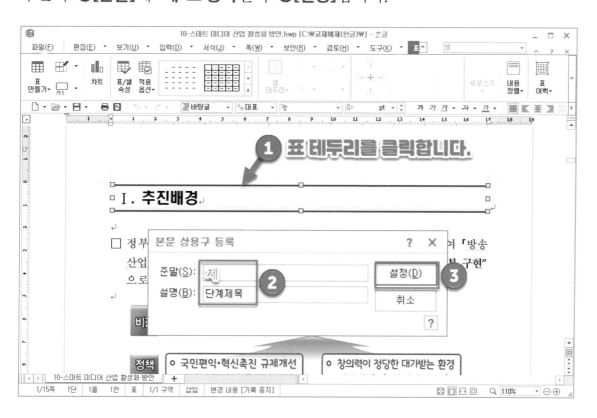

04 이제 새 문서를 만들어서, **"ㄴ"을 입력**하고 `Alt`+`I`를 누르면 □가 바로 입력됩니다. **"제"를 입력**하고 `Alt`+`I`를 눌러 보세요.

05 ❶[입력] 드롭다운 버튼을 클릭하고 ❷[상용구] ▶ ❸[상용구 내용]을 차례대로 클릭하면 상용구 내용을 확인할 수 있는 대화상자가 나옵니다.

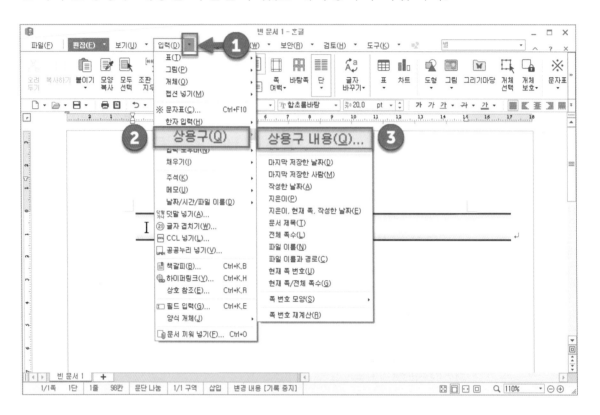

06 내용을 확인하거나 입력, 수정, 삭제할 수 있으며, [글자 상용구] 탭에서는 **글자 속성 유지하지 않은 상용구**를 확인할 수 있고, [본문 상용구] 탭에서는 **글자 속성을 유지하거나 표, 그림 등의 개체 상용구**를 확인할 수 있습니다.

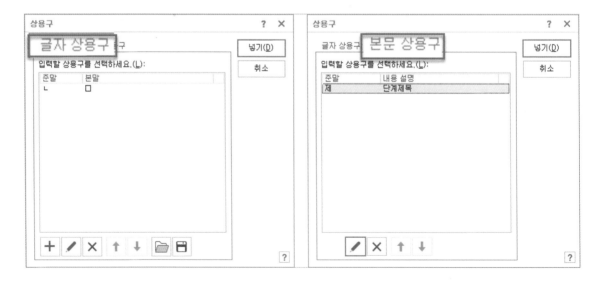

STEP 5 ▷ 쪽 번호 매기기

01 **[10-스마트 미디어 산업 활성화 방안]** 파일을 불러온 후, ❶**[쪽]** ▶ ❷**[쪽 번호 매기기]**를 클릭합니다.

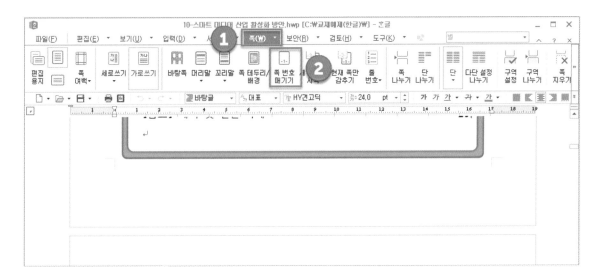

02 단순하게 **[넣기]**를 클릭하면 각 페이지의 하단에 줄표 넣기가 된 페이지가 표시됩니다.

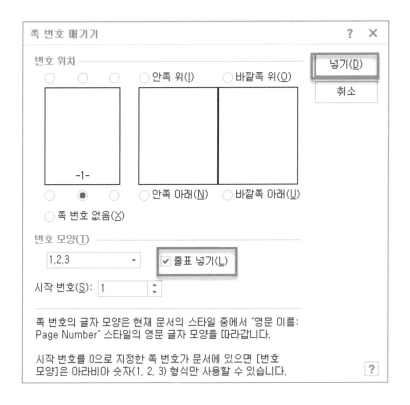

03 1페이지와 2페이지는 페이지 번호를 숨겨야 하고, 3페이지가 1페이지로 변경되어 나와야 합니다. 2페이지 목차를 보면 알 수 있습니다.

04 1페이지를 클릭한 후, ❶[쪽] ▶ ❷[현재 쪽만 감추기] ▶ ❸[쪽 번호] ▶ ❹[설정]을 차례대로 클릭합니다(**2페이지**도 한번 더 처리합니다).

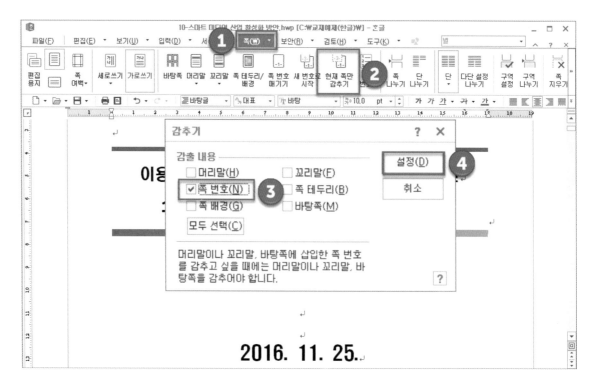

05 새 번호로 시작할 곳에 ❶커서를 **위치시킨 후, ❷[쪽]** ▶ ❸[새 번호로 시작] ▶ ❹ **[시작 번호]**를 "**1**" ▶ ❺[넣기]를 차례로 클릭합니다.

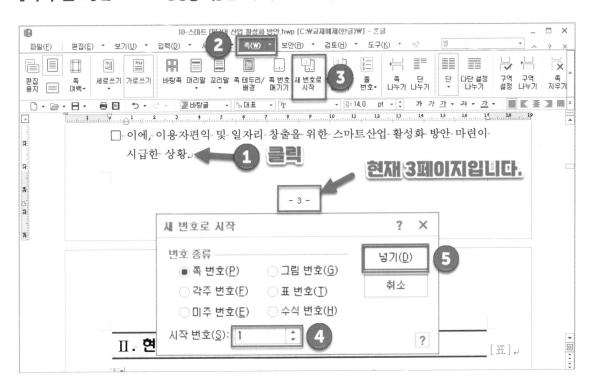

06 페이지 번호가 새로 시작되었습니다. **[보기]-[조판 부호]**를 누르면 [감추기]와 [새 쪽 번호]가 주황색 글자로 보입니다.

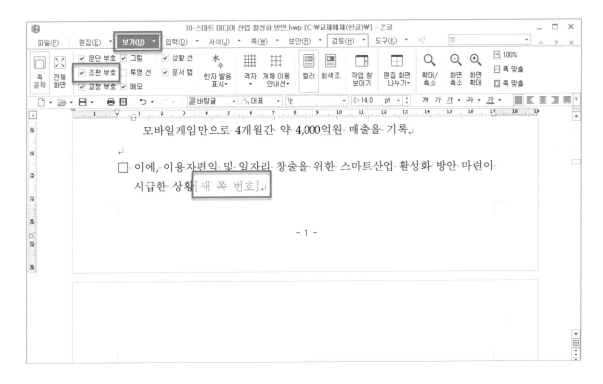

01 [10-스마트 미디어 산업 활성화 방안] 파일에서, **첫 페이지**에 커서를 위치한 후 ❶
[쪽] ▶ ❷[머리말] ▶ ❸[머리말/꼬리말]을 선택합니다.

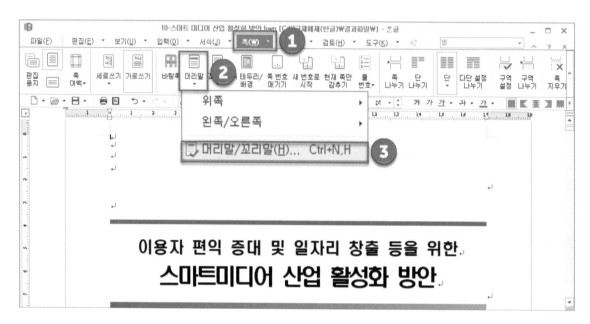

02 종류-머리말, 위치-양 쪽을 확인하고 [**만들기**] 버튼을 클릭합니다.

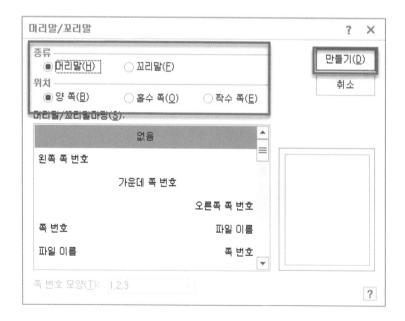

03 여기에서는 머리말에 들어갈 내용을 문장이 아니라 이미지로 삽입하려고 합니다. ❶[입력] 메뉴를 클릭한 후 ❷[그림]을 선택합니다.

04 [교재예제(한글)] 폴더에서 ❶[머리말] 파일을 선택한 후 ❷[글자처럼 취급]을 체크한 다음 ❸[넣기] 버튼을 클릭합니다.

05 이미지의 크기가 작으므로 가로 방향으로 **조절점을 드래그**해서 머리말 영역 안까지 크기를 늘려줍니다.

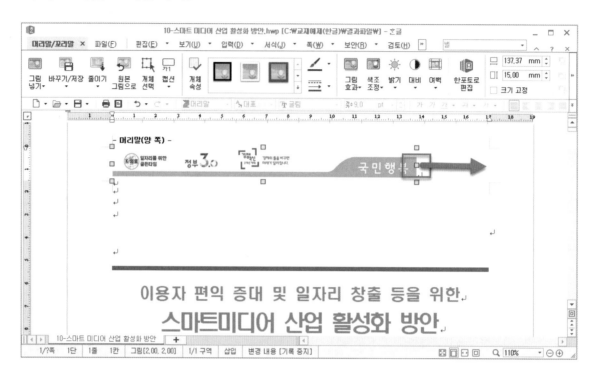

06 ❶[머리말/꼬리말] 메뉴를 클릭한 후 ❷[머리말/꼬리말 닫기] 버튼을 클릭해서 빠져 나갑니다. 이제부터 모든 페이지에는 머리말로 등록한 이미지가 반복되어 표시됩니다.

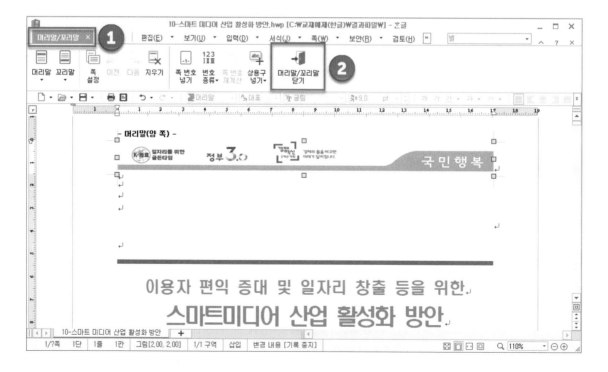

07 첫 페이지에 커서를 위치한 후 **[쪽] ▶ [꼬리말] ▶ [머리말/꼬리말]**을 선택합니다.

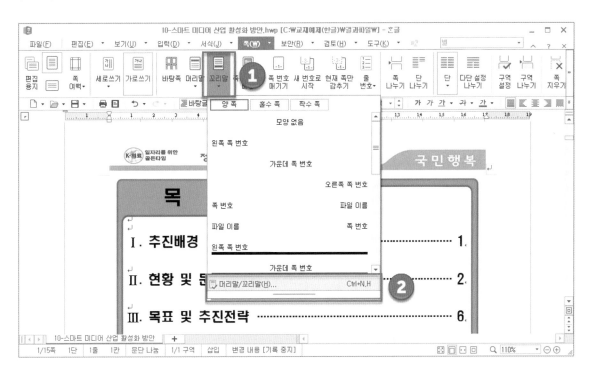

08 머리말/꼬리말 대화상자의 종류에서 ❶**[꼬리말]**을 선택한 후 ❷**[만들기]** 버튼을
클릭합니다.

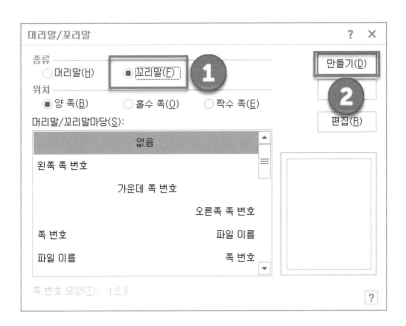

09 ❸[상용구 넣기] 메뉴를 클릭한 후 ❹[현재 쪽/전체 쪽수]를 클릭하면 왼쪽에 1/15라고 표시가 됩니다.

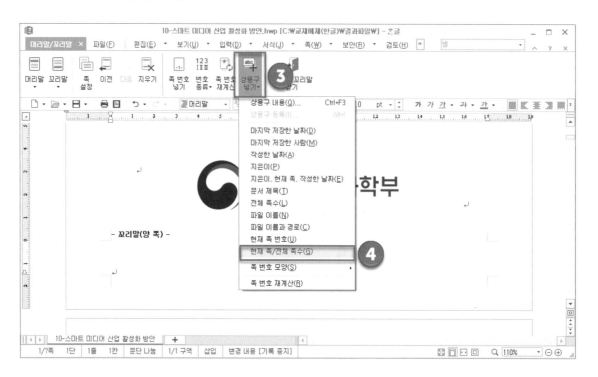

10 꼬리말에 들어간 내용을 ❶블록 설정 ▶ ❷[맑은고딕]/[12pt]/[진하게] ▶ ❸[가운데 정렬] ▶ ❹[닫기]를 차례대로 클릭합니다.

01 **[교재예제(한글)]** 폴더에서 **[10-상장.hwp]** 파일과 **[10-명단.hwp]** 파일 2개를 동시에 불러옵니다. **2개 파일**이 반드시 **열려** 있어야 합니다.

02 [10-상장.hwp] 파일에서 [구분] 뒤에 ❶커서를 이동한 후, ❷[도구] ▶ ❸[메일 머지] ▶ ❹[메일 머지 표시 달기]를 차례대로 클릭합니다.

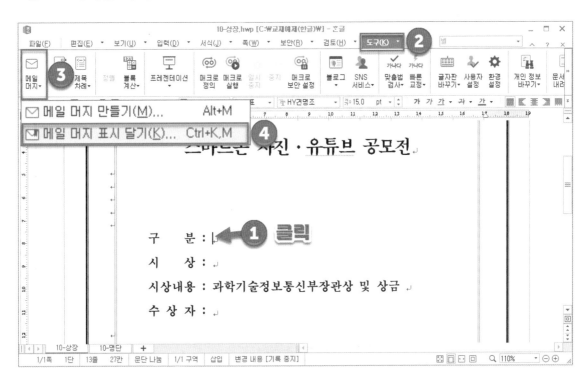

03 표시 달기 대화상자에서 **❶[필드 만들기] 탭**을 클릭한 후 필드 번호칸에 **❷"1"**을 입력하고 **❸[넣기]** 버튼을 클릭합니다.

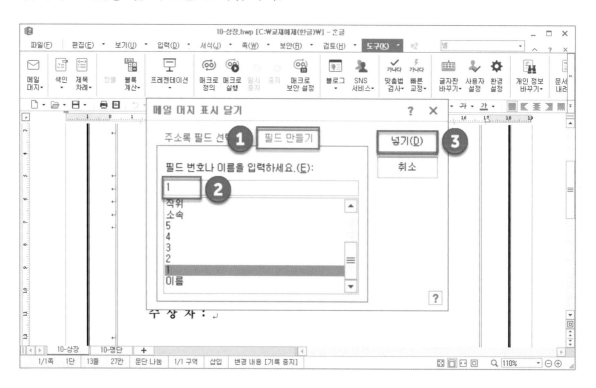

04 같은 방법으로 아래와 같은 위치에 [필드 번호]만 2, 3, 4로 입력해서 메일 머지 표시 달기를 수행합니다.

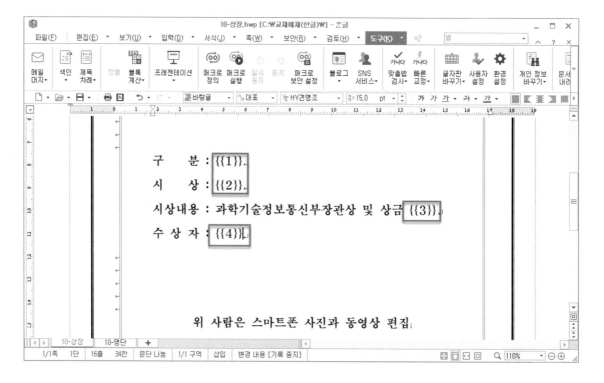

05 ❶[도구] ▶ ❷[메일 머지] ▶ ❸[메일 머지 만들기]를 차례대로 클릭합니다.

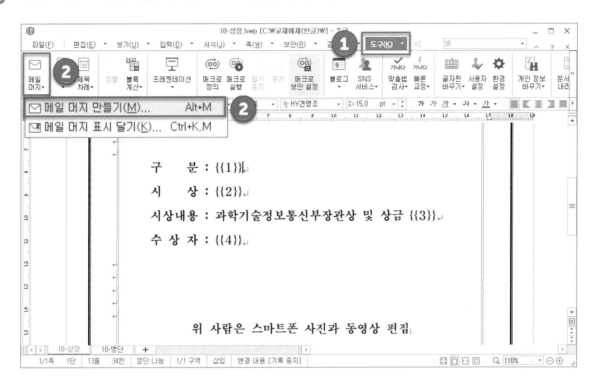

06 ❶[한글 파일]을 선택하고 **10-명단.hwp 파일**이 맞는지 확인하고 출력 방향은 ❷ [화면]을 선택한 다음 ❸[확인]을 누릅니다. 여기서는 프린터 대신에 화면으로 연습을 해보도록 합니다.

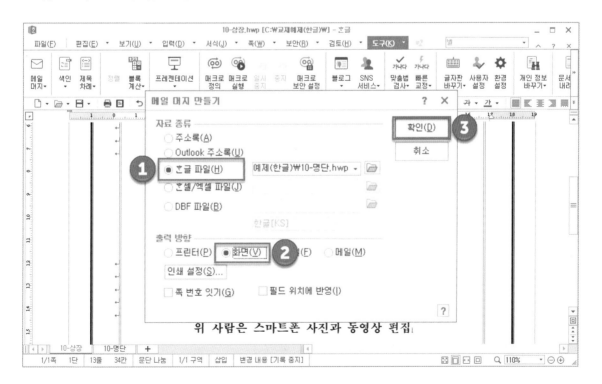

07 화면에 미리 보기 형식으로 내용이 표시됩니다. **[다음 쪽]**을 눌러서 표시되는 내용이 다음 사람이 되는 것을 확인해 보세요.

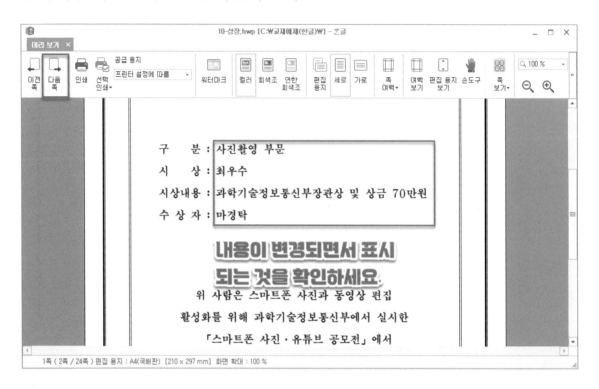

08 [미리보기] 창을 닫은 후 **[메일 머지 만들기]**에서 출력 방향을 **[파일]**로, 파일명은 **바탕화면에 "메일머지로 저장"**하여 확인해 봅니다.

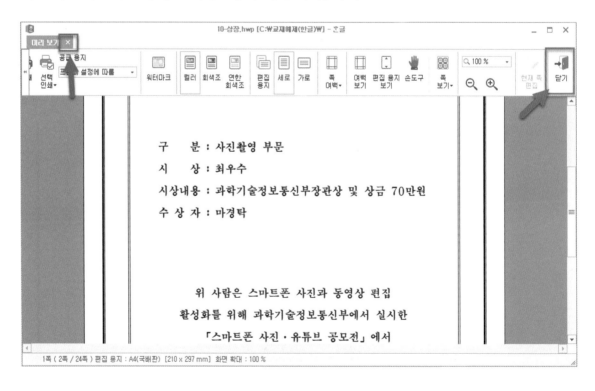

혼자서 연습하기

1 **[라벨 문서 만들기]**와 **[메일 머지]**를 이용하여 작성해 보세요.

* 라벨 문서 : [쪽] 메뉴-[라벨]-[라벨 문서 만들기], 16칸

* 메일 머지 자료 : 10-주소록.xlsx 엑셀 파일 이용

강원도 강릉시 강릉대로 33 (홍제동) 양승현 25522	강원도 고성군 간성읍 고성중앙길 9 이경아 24735
강원도 동해시 천곡로 77 (천곡동) 박동민 25755	강원도 삼척시 중앙로 296 오복용 25914
강원도 속초시 중앙로 183 (중앙동) 엄준필 24826	강원도 양구군 양구읍 관공서로 38 (하리, 양구군청) 윤장원 24522
강원도 양양군 양양읍 군청길 1 이경훈 25023	강원도 영월군 영월읍 하송로 64 유선주 26235
강원도 원주시 시청로 1 양승준 26384	강원도 인제군 인제읍 인제로187번길 8 윤종필 24631
강원도 정선군 정선읍 봉양3길 21 유종표 26131	강원도 철원군 갈말읍 삼부연로 51 유철종 24040
강원도 춘천시 삭주로 3(교동) 양민욱 24264	강원도 춘천시 중앙로 1 (봉의동) 임환수 24266
강원도 태백시 태붐로 21 (황지동) 양지연 26023	강원도 평창군 평창읍 군청길 77 유정엽 25374

- MEMO

● MEMO

● MEMO